国家社科基金青年项目（批准号12CGL007）

经济管理学术文库·管理类

国有企业跨国投资与政府监管问题研究

A Research on Overseas Investment of State-owned Enterprises and the Corresponding Government Supervision

刘建丽 等／著

经济管理出版社
ECONOMY & MANAGEMENT PUBLISHING HOUSE

图书在版编目（CIP）数据

国有企业跨国投资与政府监管问题研究 / 刘建丽等著. —北京：经济管理出版社，2017.12
ISBN 978-7-5096-5527-6

Ⅰ. ①国… Ⅱ. ①刘… Ⅲ. ①国有企业—对外投资—政府监督—研究—中国
Ⅳ. ①F279.241

中国版本图书馆 CIP 数据核字（2017）第 297619 号

组稿编辑：张永美
责任编辑：魏晨红
责任印制：黄章平
责任校对：张晓燕

出版发行：经济管理出版社
（北京市海淀区北蜂窝 8 号中雅大厦 A 座 11 层 100038）
网　址：www. E-mp. com. cn
电　话：（010）51915602
印　刷：北京晨旭印刷厂
经　销：新华书店
开　本：720mm×1000mm/16
印　张：15.75
字　数：218 千字
版　次：2018 年 3 月第 1 版　2018 年 3 月第 1 次印刷
书　号：ISBN 978-7-5096-5527-6
定　价：58.00 元

目 录

绪论

一、理论基础与研究意义

国有企业大规模海外投资并承担一国对外投资的主力军，是中国特有的经济现象。国外针对企业海外投资的公共政策主要立足于海外投资保护立法和投资促进政策。因此，国有企业境外投资监管是基于中国情境的特殊问题，国外学者在此方面并无针对性的研究。不过，中国国有企业跨国投资规模的增长确实引起了国外学者们的关注。他们发现，传统的跨国投资动因理论适用于发达国家的跨国公司或者中国民营企业，却不适用于中国国有企业（Ramasamy 等，2012）。一些学者通过对中国等经济转型国家的研究，发现除市场和资源要素外，还有一些新的投资驱动因素，包括制度环境（Buckley 等，2007；Peng 等，2008）、技术获取（Fung 等，2009）和产业结构调整（Wang 等，2012）。有的学者关注国有企业投资动机，发现其在发达国家和发展中国家的动机不同，前者注重良好的投资环境、文化接近程度、较低的市场竞争，后者则倾向于丰富的自然资源、较低的产权保护以及潜在的贸易关联（Hurst，2011）。这些关于国有企业特殊投资动因的研究能够为境外投资监管提供有益的启示。

由于国有企业是特殊企业（金碚，2002），意图通过一般性的公司治理框架解决国有企业海外投资安全及投资效率的问题是不可能实现的。从国有企业产权制度特殊性来看，政府监管是合理且必要的。国内学者最近几年开始关注国有企业海外投资与政府监管问题，中航油套保亏损、国航航油期权浮亏等一系列事件引起了学者们的关注。部分学者认为，国有企业跨国投资的失败主要源于两个方面：一是环境因素，包括各种外部风险以及政府监管机制缺失等；二是企业内部因素，包括风险控制能力较低、吸收能力不足导致的技术逆向溢出等（施宏，2011；常玉春，2011）。在监管方面，大多数学者从防止国有资产境外流失的角度进行研究。一些学者从宏观视角切入，基本思路有完善政府的监管法律体系（刘红，2004；

史忠良、史言信，2007）；建立境外不同类型企业分类指导和管理制度（沈四宝、郑杭斌，2009）；建立风险评估和预警机制、加快培养海外资产管理人才等（施宏，2011）。另一些学者从加强国有企业内部控制的角度进行研究，认为国有企业境外资产的监管能力本质上是境外子公司的内部控制能力问题。主要思路有：建立系统的内部控制整体框架，提高对海外子公司的内部控制效率（杨忠智，2011；周煊，2012）；设立国有资本投资控股公司，通过规范公司治理结构强化监管（陈清泰，2009）；建立合理的选聘机制、激励机制和财务机制（郑宗汉，2010）等。本书认为，从国有产权代理人的角度来看，防止国有资产境外流失并非政府监管的唯一目标；而且，现有研究普遍缺乏系统性，宏观视角的研究大多侧重于制度改良的某一方面，未能提出整体的监管制度框架；而微观视角的研究则将监管能力界定为企业内部控制能力，忽略了国有企业因产权特殊性而带来的政府监管必要性。同时，两种视角都未能厘清不同层次监管主体之间的相互关系，而这也是本书研究的重点之一。

本书具有较强的理论意义，主要表现在三个方面：一是充分结合中国特殊情境，探讨国有企业跨国投资的特殊动因及对外投资面临的制度障碍；二是综合考虑监管主体、对象、环境、要素等方面，提出一个整体性的监管制度体系，弥补当前系统性研究不足的问题；三是理清不同层次监管主体之间的关系，重点是研究政府、企业、第三方服务机构和非正式组织在监管制度中的协同作用，如何通过四方的互动与配合达到最好的监管效果。

本书也有重要的现实意义。近年来，中国企业海外并购和投资呈快速增长态势，其中，国有企业尤其是中央企业占据了主导地位。截至2009年底，中央企业境外资产总额超过4万亿元，占中央企业总资产规模的20%。在国资委提出的中央企业“十二五”发展思路中，国际化经营成为五大战略之一，未来会有更多的国有企业“走出去”。由于国有企业掌握着国家经济命脉，其跨国投资的风险和影响远远超过民营企业。同时，国有企业海外投资过程中暴露出的一系列问题，如恶意转移国有资产、提供虚假财务报表、随意投资造成巨额浮亏等。2011 年，国资委发布了《中央企业境外国有资产监督管理暂行办法》和《中央企业境外国有产权管理暂行办法》，开启了监管制度改革的序幕。本书融合了理论研究的科学性和中国情境的特殊性，一方面能为政府部门提供系统的监管制度改革思路，另一方面也能指导国有企业更科学地进行跨国投资决策和海外资产管理。

二、研究的基本思路和主要内容

（一）基本思路和研究方法

本书从国有企业的特殊性和跨国公司投资的一般理论入手，利用比较制度分析的方法建立逻辑分析框架（见图 1-1）。青木昌彦在《比较制度分析》中，应用主观博弈模型，把制度定义为“关于博弈如何进行的共有信念的一个自我维系系统”（青木昌彦，2001）。制度就以一种自我实施的方式制约着参与人的策略互动，又被他们在连续变化的环境下的实际决策不断再生产出来。比较制度分析的基本单位是博弈的域（Domains）。本书认为，由于国有企业一直处于中国经济改革的核心位置，对国有企业的监管体制改革是宏观制度演化的一个组成部分，也是各参与主体策略互动的一种结果。无论是历史地来看，还是通过国际比较来看，中国国有企业海外投资监管问题都是制度演化过程中内生而来的，需要依据制度演化的进程而进行调节的特殊问题。改革的任何一个发展阶段，国有企业自身的制度内涵和自我约束能力是不同的，这就要求相应的外部监管制度相匹配。而对于不同国家的监管制度，我们只能从其国有企业所处的不同的博弈的域来出发，进行逻辑演绎，而不能进行简单移植。因为各国国有企业监管所处的博弈的域存在根本差异。从这个意义上来看，中国国有企业海外投资监管是改革过程的特殊制度创新，这一个创新过程既包括对原有制度缺

失的补充、完善，也涉及在一些领域随市场化改革而退出的行为。国有企业正处于混合所有制改革的过程之中，市场和政府的权力分野仍不清晰。我们需要回答的是：根据近期的改革目标，国有企业海外投资需要怎样的监管制度体系，哪些领域应该让位于市场化的治理手段。这应该是一个动态调整的制度体系。

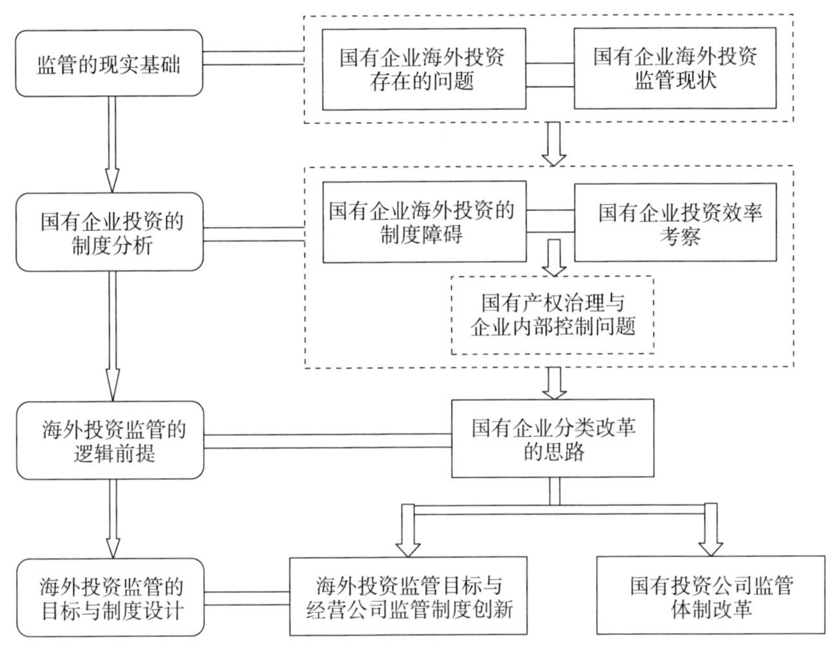

图 1-1 本书的研究思路

要研究国有企业海外投资监管作为具有鲜明中国特色的现实问题，必须根植于中国的具体国情。因此，我们进行比较制度分析的起点是中国国有企业跨国投资及其监管的现状，清晰把握现状和问题，有利于我们深刻认识监管的现实基础，找准相应的制度创新出发点。国有企业监管的目标并不是限制国有企业投资，而是要在产权制度框架内，保障企业理性投资、顺畅投资，不仅要监督还要提供相应的服务和保障，促进国有企业更安全、更有效益地投资。因此，我们需要分析国有企业海外投资的制度障碍，同时分析国有企业的投资效率，以认清国有企业海外投资的内外部约束。在制度分析的基础上，我们才能找到国有企业海外投资的逻辑基础，那就是在分类改革的基础上，进行监管体制改革。在相当长的时期内，国有企业都将以国有运营公司和国有投资公司的形式存在，因此，相应的海外投资监管都应该契合并适应这一基本的制度框架。

（二）主要内容和基本观点

1. 主要内容

遵循图1-1所示的基本思路，本书的主要内容涵盖九大部分，所有章节紧扣上述逻辑分析主线。制度基础和制度环境的考察内容包括中国对外直接投资管理制度变迁与国有企业监管特征，国有企业海外投资现状、问题与障碍的经验性分析以及国有企业对外投资的制度环境分析；对国有企业内部治理体系将重点考察三个方面：国有企业投资中的虚假陈述与系统性风险、国有企业投资管控效率与股东回报倾向，以及国有产权控制、政府层级与投资效率，分别关注国有企业投资中的虚假陈述问题、投资管控与股东回报以及政府层级对国有企业投资效率的影响，对这些内容的研究将有助于我们在改善国有企业内部治理方面提出有针对性的建议。最后三章是改革思路部分，首先在明确国有经济战略性调整的目标与思路的基础上，才能够确定国有企业海外投资的主体和海外投资监管的重点目标，最后才是制度创新的具体内容。

2. 基本观点

（1）防止国有资产恶意流失是国有企业海外投资监管的首要目标，但并非唯一目标。

（2）国有企业海外投资监管应坚持三大原则：全过程服务与监管、分类指导与监管、防止国有资产恶意流失与促进国有资本价值增值相结合。

（3）国有企业海外投资监管应在政企分开的基础上，保持程序合法性和审计独立性。

（4）国有企业海外投资外部监管应该以内部监管为基础，完善的内部治理是外部监管有效的必要条件。

（5）有效的外部监管须以完善的信息披露制度为保障。

3. 创新之处

（1）视角的创新。本书从国有企业的特殊性入手，将国有企业海外投资监管三大目标界定为：防止国有资产恶意流失、防范国有企业海外投资风险和促进国有资本价值增值。与以往的研究和实践将监管者确定为“守夜人”角色所不同的是，本书将监管者的责任确认为“守夜人”和“服务者”，监管机构不仅有义务确保国有资产安全，还有责任促进国有资本投资成功。

（2）研究内容的创新。本书将按照分类监管和全过程监管的思路，分别分析、阐述四种典型的投资行为的监管重点，并在实地调研、大量研讨的基础上，构建国有企业海外投资监管的顶层制度框架，这些研究内容必将改善该领域研究的系统性。

（3）研究思路的创新。本书的研究对象是一个改革过程中的问题，这个问题的最优解需要根据改革进程而不断调整，因此，我们的研究也是根据改革进程的动态变化，不断精确化比较制度分析的域，进而进行匹配性研究。

第二章

中国对外直接投资管理制度变迁与国有企业监管特征

国有企业海外投资监管既受到中国对外投资管理制度的约束，又属于国有企业监管的一部分，了解国有企业海外投资监管的现状与问题，首先需要厘清中国对外直接投资管理制度的变迁和国有企业监管的制度体系。

一、中国对外直接投资管理体制的演进

我国企业对外直接投资是改革开放的直接产物。1979 年改革开放之初，长期的计划经济严重压抑了国内消费需求，同时中国企业面临资金、技术、设备、人才等多方面的供给约束，大量零部件需要进口，而国家外汇极其紧缺。在“消费—供给”双缺口并存的情况下，对外开放最初的重点在于“引进来”，而对外投资仅仅是配合贸易体制改革在政策方面“开了一个口子”。20 年之后，“走出去”战略才在国家层面正式提出。对外投资管理体制的逐步调整，是不断适应我国贸易体制改革和企业海外投资进程的结果，是一个“由点到线、由线到面”的演进过程，是自上而下政策推动与诱致性制度变迁的综合作用过程。我国对外投资管理体制涵盖行政审批制度、外汇管理体制和政策支持体系。根据对外投资管理方式的变化，我国对外直接投资管理体制的演进可以划分为五个阶段。

（一）国有企业零星投资与中央集中统一的个案审批（1979~1984 年）

这个阶段我国企业对外投资仅是零星的、尝试性的贸易投资，与之相适应，国家对海外投资项目实行中央高度集中的统一管理。1979 年 8 月，国务院颁布了 15 项经济改革措施，其中第 13 项明确规定允许企业“出国办企业”，第一次把对外直接投资作为一项政策确定下来。1979 年 11 月，北京友谊商业服务公司与日本东京丸一商事株式会社在东京合作兴办了“京和股份有限公司”，成为我国改革开放后在国外开办的第一家合资企业，拉开了我国企业对外投资的序幕，此后，陆续有国有企业进行各种形

式的对外直接投资。对外投资主体主要是中央和地方外贸专业公司、省市国际经济合作公司，如中国化工进出口总公司、中国五金矿产进出口总公司等。投资领域主要集中在餐饮、承包建筑工程、咨询服务、贸易等服务行业，主要分布在港澳地区和周边发展中国家。

在外汇管理方面，实行严格的外汇管制，由于国内经济发展资金缺口较大，中国当时主要关心的是如何更好地吸引外资，因此在外汇管理方面也体现出“宽进严出”的特征。

（二）资源开发性投资起航与规范性审批的起步（1985~1991年）

1985~1987年，我国出现了第一次对外直接投资高潮，1985年对外直接投资达6.29亿美元，比1984年增长369.4%；在国外兴办企业达124家，协议投资金额13亿美元，是1977~1984年的3.19倍，中方投资额为3.5亿美元，是1977~1984年总和的1.38倍。1985~1991年，我国海外投资的非贸易性企业859家，协议投资总额29.44亿美元，对外直接投资存量的复合增长率高达35%。这一时期进行海外投资尝试的基本上都是资源加工类的大型国有企业，如中信集团公司（制造业务）1986年9月与加拿大鲍尔公司合资购买并经营塞尔加纸浆厂；1992年，首钢集团斥资1.2亿美元收购了秘鲁铁矿公司。

这一期间，外经贸部根据中国企业对外投资发展的实际需要，在1984年5月颁布了《关于在国外和港澳地区举办非贸易性合资经营企业审批权限和原则的通知》，1985年7月，制定并颁布了《关于在境外开办非贸易性企业的审批程序和管理办法的试行规定》。1991年，国务院同意了原国家计委递交的《关于加强海外投资项目管理意见》（以下简称《意见》），该《意见》指出“目前，我国尚不具备大规模到海外投资的条件，到海外投资办企业主要应从我国需要出发，侧重于利用国外的技术、资源和市场以补充国内的不足”。该《意见》成为此后10多年的时间内对中国境外投资影响最大的政策法规。

1991 年 8 月，为贯彻执行《国务院批转国家计委关于加强海外投资项目管理意见的通知》，做好境外投资项目的科学论证工作，国家计委印发了《〈关于编制、审批境外投资项目的项目建议书和可行性研究报告的规定〉的通知》，开始加强企业对外投资的技术分析和风险防范工作。从管理角度看，初步实现由个案审批向规范性审批的转变，形成了我国对外直接投资管理体制的雏形，促进了中国企业对外直接投资的发展。

当时严格审批制的另一表现是，企业对外投资所用外汇需经外汇管理局批准。1989 年 2 月 5 日国务院批准了国家外汇管理局制定的《境外投资外汇管理办法》，该办法规定，经批准在境外投资的公司、企业或者其他经济组织，应当向外汇管理部门办理登记和投资外汇资金汇出手续。此后 20 年内，中国都对境外投资企业实行用汇审批。

（三）生产加工性投资兴起与审批制度的强化、整顿（1992~1998 年）

1992~1998 年，我国经济进入调整恢复期，对外投资增速下降。这一阶段中方新增海外投资额 252.86 亿美元，仍然主要是国有企业完成的。1998 年前，海外投资企业数和海外投资年批准量基本呈缓慢增长甚至负增长趋势，如表 2-1 所示。

表 2-1　部分国有企业的首次生产性海外投资

公司	年份	地点	内　　容
小天鹅公司	1995	马来西亚	建家电厂
海信集团	1996	南非	建家电厂
金城集团	1996	哥伦比亚	建摩托车厂
TCL 集团	1996	越南	收购港资彩电生产企业 DONACO

续表

公司	年份	地点	内 容
华源集团	1997	尼日尔	收购纺织厂
康佳集团	1998	印度尼西亚	合资建家电厂

资料来源：刘建丽：《中国制造业企业海外市场进入模式选择研究》，经济管理出版社，2009年版。

1992年，中共十四届五中全会提出要“积极扩大我国企业的对外投资和跨国经营”。在积极支持的同时，中央注意到前期由于“重审批、缺监管”，国有企业海外投资过程中出现了较为明显的国有资产流失问题。当然，这种流失也包括由于中国企业海外经营经验匮乏而导致的“非恶意”流失。从1993年下半年起，国务院开始对海外投资进行清理整顿，严格审批手续。1993年外经贸部在前一阶段基础上，根据对外投资业务发展需要，着手起草《境外企业管理条例》，以进一步强化管理。国家计委负责审批项目建议书和可行性研究报告。其他部委及省一级外经贸厅（委）为其境外企业主办单位的政府主管部门。外经贸部授权驻外使（领）馆经商处（室）对中方在其所在国开办的各类企业实行统一协调管理，这种管理办法一直沿用到现在。与此同时，1997年外经贸部还颁布了《境外贸易公司、代表处管理办法》。从管理角度看，各有关部门的明确分工及相关配套政策措施构成了我国对外直接投资管理体制较为完整的基本内容，它有力地保障了这一时期我国各种类型对外直接投资的健康发展，阻止了国有资产流失的恶化。但这种多头管理体制加上严格的外汇管理制度，也为企业“走出去”设置了障碍。1997年，中共十五大报告提出“鼓励能够发挥我国比较优势的对外投资”。1998年，中共十五届二中全会明确指出，在积极扩大出口的同时，要有领导、有步骤地组织和支持一批有实力有优势的国有企业走出去，到非洲、中亚、中东、中欧、南美等地投资办厂。这预示着中央政府积极推动对外投资战略的开端。

整个20世纪90年代，我国对企业境外投资资金来源的审查仍然较严格，主要鼓励有创汇能力的境内投资者对外投资，且规定其当年用于境外投资的外汇资金总额不超过其前三年创汇总额平均数的1%，才能直接办理核批手续。这一时期，中国逐步开放了即期外汇投资、远期外汇投资、证券投资，但对衍生品投资仍然实行较严格的监管。

（四）多行业对外投资格局形成与鼓励性管理制度的形成（1999~2012年）

1999年2月，国务院办公厅转发外经贸部、国家经贸委、财政部《关于鼓励企业开展境外带料加工装配业务的意见》，成为稍后形成的我国“走出去”开放战略的前兆。此后，国家经贸委负责境外加工贸易项目的审批，国家计委则继续审批境外生产性投资的项目建议书和可行性研究报告。从管理角度看，该意见是对业已形成的我国对外直接投资管理体制的重大改进。之后，以加工贸易业务为核心，对外实业投资取得了突飞猛进的发展，并极大地促进了“走出去”战略的实施。这份文件从指导思想和基本原则、工作重点、有关鼓励政策、项目审批程序、组织实施五个方面提出了支持我国企业以境外加工贸易方式“走出去”的具体政策措施。随后，国务院各有关部门又分别制定了具体实施的配套文件，完善对外直接投资管理体制。这一时期的海外投资获得了突破性进展，特别是境外加工贸易和资源开发成效显著，对外直接投资主体开始多元化，万向集团、好孩子等民营企业逐步开始尝试海外跨国经营。2000年，在中共十五届五中全会上，党中央明确提出了“走出去”的基本战略，“鼓励能够发挥我国比较优势的对外投资，扩大国际经济技术合作的领域、途径和方式”，由此揭开了我国企业对外投资的新篇章。从政策导向来看，之前我国对外直接投资政策体系的基本指导思想仍然是限制企业的海外投资。但从提出“走出去”战略开始，对外投资管理政策的主基调转变为鼓励和支持有条件的各种所有制企业开展跨国经营，主动参与国际经济技术合作，对外开

放进入了“引进来”和“走出去”并重阶段。

2001年，中国加入世界贸易组织（WTO），中国企业国际化的进程明显加快。当年对外投资已经扩展到160多个国家和地区，对外直接投资额达68.85亿美元，是2000年的7.5倍。投资领域从贸易服务向资源开发、生产制造等领域延伸，截至2001年底，对外直接投资的44%投向了生产性领域，在一定程度上改善了以贸易型投资为主的结构。之后，对外投资保持高速增长态势。2002~2009年，中国对外直接投资（非金融类）的年均复合增长率高达54.4%[①]。在总体对外投资迅速增长的背后，是国有企业频繁地进行大规模海外投资的身影。仅在2006年，国有企业就完成了数宗金额较大的并购交易。其中包括：中石化对俄罗斯乌德穆尔特石油公司96.86%股份的收购，总交易额为35亿美元；中国有机硅行业的“排头兵”中国蓝星（集团）总公司全资收购法国罗地亚（Rhodia）公司有机硅及硫化物业务项目；中国石油天然气集团通过其全资子公司中油国际与哈萨克斯坦国家石油公司签订股份转让交割协议，向后者出让中石油持有的33%的哈萨克斯坦PK石油公司股权；中石油以41.8亿美元成功收购哈萨克斯坦PK石油公司。不过，随着民营企业的发展壮大和海外战略的兴起，国有企业对外投资比重呈下降趋势（黄速建，2014）。根据中国对外直接投资统计公报，2004年，国有企业占整个境内投资主体的比重由2003年的43%降至35%，2006年，则继续下降为26%。从投资行业看，国有企业对外投资已从过去以贸易领域为主，逐步拓宽到工业制造、建筑、石油化工、资源开发、交通运输、水利电力、电子通信、商业服务、农业等行业领域，并广泛涉及国民经济其他诸多领域如环保、航空航天、核能和平利用以及医疗卫生等。通过对外投资，我国在境外形成了若干个原油和矿产资源生产基地，获得了国民经济和社会发展所需的油气、矿产资源、木材和渔业。尤其是在能源领域与30多个国家建立了资源能源长期合作关系，与俄罗斯、哈萨克斯坦、沙特、苏丹、澳大利亚、印度尼西亚等国的大项

① 历年《中国对外直接投资统计公报》，中国商务部网站，http：//mofcom.gov.cn。

目和中长期合作取得突破，在西欧、北非、南美、东南亚、中亚—俄罗斯海外战略区域建立了年产百万吨以上的原油生产基地；铁、铜、铝、铬等矿种均在境外形成了一定的生产能力。另外，我国企业在境外开展森林资源合作开发、渔业合作也取得了较好成效。

从 2002 年开始，政府开始加强对外投资的过程监管和事后监管。2002 年 10 月，为全面掌握我国境外投资状况，对我国境外投资活动进行有效监管，外经贸部发布《境外投资综合绩效评价办法（试行）》；2002 年底，外经贸部和国家外汇管理局联合发布《境外投资联合年检暂行办法》，年检之后对有关企业进行评级。评级较高的可享受有关优惠政策。评级较差的在一年之内不能从事新的境外投资活动。这些举措力图改变原境外投资管理体系重初期审批、轻后期监管的局面（周煊，2012），这可视为中国对外投资过程监管的开端。

为适应中国市场与全球市场迅速融合的趋势，2003 年 3 月，经全国人民代表大会决定，原外经贸部职能与原国家计委、国家经贸委的部分职能整合，组建商务部。商务部的成立在一定程度上解决了多头管理的问题。此后，为规范对外投资、推进对外投资便利化，商务部出台了一系列规章制度。2003 年，商务部下发了《关于境外投资开办企业核准事项的规定》、《关于内地企业赴香港、澳门投资开办企业核准事项的规定》等，下放了境外投资核准权限，简化了手续，为企业境外投资创造了良好的服务环境。2003 年底，商务部颁布《关于建立企业境外投资意向数据库的通知》和《关于在驻外经商机构子站上建立驻在国（地区）投资项目招商信息库栏目的通知》，前者是收集国内企业对外投资意向的信息，为其他各国招商引资建立信息平台；后者是收集各国招商引资的信息，为国内企业提供海外投资信息。为减少企业境外投资的盲目性，商务部于 2004 年出台了《国别投资经营障碍报告制度》。按照商务部规定，各驻外经济商务机构、境外中资企业商（协）会应定期履行年度报告制度，境外中资企业或其国内投资母体则可根据企业在境外投资经营活动中“实际遇到的问题”和需

要，自愿、随时提出报告。商务部则在保护企业商业秘密的前提下，发布有关报告内容，提醒企业规避投资风险。对涉及双边经贸关系的重要问题，将通过高层互访、双边经贸分委会及政府部门工作层双边磋商等渠道，帮助企业尽快寻求解决问题的办法；对涉及投资壁垒或服务贸易壁垒的问题，商务部可以立案进行投资壁垒调查。可以看出，该制度的出发点是为企业解决对外投资中面临的实际问题。通过信息搜集和信息发布，减少企业境外投资的盲目性，并协助解决一些共性问题，改善企业境外投资环境。目前，各报告主体可在商务部合作司网站在线报告，操作简易方便。

然而，企业对外投资面临的审批程序仍然烦琐而耗时，原有的管理体系与“走出去”战略不相匹配，于是，政府开始着手推动对外投资管理体系的改革。新的管理体系以2004年《国务院关于投资体制改革的决定》为指导思想，用核准制、备案制替代原来的审批制。2004年10月，国家发展和改革委员会（以下简称“发改委”）发布《境外投资项目核准暂行管理办法》，取代了1991年《关于编制、审批境外投资项目的项目建议书和可行性研究报告的规定》，废止了对境外投资项目经济性、技术可行性方面的审批。与此同时，商务部也在2004年10月出台了《关于境外投资开办企业核准事项的规定》，替代了原《对外经济贸易部关于在境外举办非贸易性企业的审批和管理规定（试行稿）》。为了及时了解我国企业境外并购情况，向企业提供境外并购及时有效的政府服务，商务部和国家外汇管理局于2005年联合发布了《企业境外并购事项前期报告制度》，根据该制度，企业在确定境外并购意向之后，需要向商务部及地方省级商务主管部门和国家外汇管理局及地方省级外汇管理部门报告。2009年5月，商务部又出台了《境外投资管理办法》，替代了之前的核准规定，进一步放松了对企业的审批限制。这些措施突出了企业在对外投资活动方面的主体地位。

在外汇管理方面，随着对外投资活动的增多，国家对资金来源的审查逐步放松。2002 年前，为了确保境外投资企业将利润汇回，曾要求境外投资企业按汇出外汇金额的 5%缴存保证金，这一制度在 2002 年被废止。2007 年前，还实行过创汇留成制度，即境内投资者从境外投资企业分得的利润或者其他外汇收益，自该境外投资企业设立之日起 5 年内全额留成，5 年后 20%上缴国家，80%留给境内投资者，这一制度在 2007 年被废止。2009 年 7 月，国家外汇管理局发布了《境内机构境外直接投资外汇管理规定》，并于 2009 年 8 月 1 日起施行。根据该《规定》，境内机构可以使用自有外汇资金、符合规定的国内外汇贷款、人民币购汇或实物、无形资产及经外汇局核准的其他外汇资产来源等进行境外直接投资。境内机构境外直接投资所得利润也可留存境外用于其境外直接投资。对资金来源的审核权限也逐渐放松。2009 年后，国家推动人民币国际化，鼓励企业在投资中用人民币结算。

在放松管制之外，政府还加强了对境外投资的综合指导。2004 年，商务部联合外交部、发改委发布《对外投资国别产业导向目录（一）》，又分别于 2005 年、2007 年发布《对外投资国别产业导向目录（二）》和《对外投资国别产业导向目录（三）》，在鼓励和引导我国企业有针对性地开展对外投资方面发挥了重要作用。2004 年，商务部还发布了《在拉美地区开展纺织加工贸易类投资国别导向目录》、《在亚洲地区开展纺织服装加工贸易类投资国别指导目录》等，引导企业的对外投资活动。这些举措都有力地促进了企业对外直接投资活动。

（五）管制放松与对外投资管理的便利化与服务化（2013 年以来）

2013 年 11 月，中共十八届三中全会审议通过了《中共中央关于全面深化改革若干重大问题的决定》，为全面深化改革吹响了号角。会议公报指出，必须切实转变政府职能，深化行政体制改革，创新行政管理方式，增强政府公信力和执行力，建设法治政府和服务型政府。政府转型离不开

简政放权，行政审批改革是突破口。顺理成章地，2014 年成为全面深化改革元年。从这一年开始，各领域的改革明显提速，对外投资管理体制改革也不例外。对外投资管理的去审批化、便利化和服务化是本届政府简政放权、深化行政审批制度改革的具体体现。

（1）对外投资项目核准基本取消。2014 年 10 月 31 日，国务院发布《政府核准的投资项目目录（2014 年本）的通知》（以下简称《通知》）。《通知》明确商务主管部门按国家有关规定对外商投资企业的设立和变更、国内企业在境外投资开办企业（金融企业除外）进行审核或备案管理。根据新的目录，比照 2013 年的境外投资项目，大约 99% 的项目都取消核准，改为备案。新目录发布后，国家发改委将上半年发布的《境外投资项目核准和备案管理办法》进行了修改，并于年底对外发布。修改后，仅“涉及敏感国家和地区、敏感行业的境外投资项目”需由国家发改委核准，其中 20 亿美元以上的投资项目由“国家发展和改革委员会提出审核意见报国务院核准”，其余统统改为备案制。

（2）境外投资商务管理以备案为主。2014 年 10 月，商务部新修订的《境外投资管理办法》（以下简称新《办法》）已经正式实施，新《办法》实行了“备案为主、核准为辅”的管理模式，通过缩小核准范围、缩短核准时限、强化公众服务，大幅度提高企业对外投资便利化水平。根据《境外投资管理办法》的规定，企业境外投资除涉及敏感国家和地区、敏感行业需实行核准外，其他情形的境外投资均实行备案管理。可见，核准制的范围已经非常有限，而且核准的目的主要是防范不可控的国家风险。对相比于之前的大规模核准制，这种管理体制的改革实质上反映了国家从限制资本流出到鼓励产业和资本“走出去”的态度转变。新《办法》规定，对属于备案情形的对外投资，地方企业报所在地的省级商务主管部门备案；对属于核准情形的境外投资，地方企业要通过所在地省级商务主管部门向商务部提出申请。同时，为了切实实现改革的初衷，新《办法》还对企业开展对外投资备案和核准的程序、时间以及手续材料做了非常明确的规定。在明确政府继续为企业提供服务的同时，新《办法》增强了对境内企业开展境外投资时权益的保障、投资促进和风险预警，加大了对企业境外投资行为进行指导和规范的力度，敦促企业要求其投资的境外企业遵守境内外法律法规，尊重当地风俗习惯，履行社会责任，做好环境，劳工保护，员工培训，企业文化建设等工作，促进与当地的融合。这有助于企业树立正确的境外经营理念，防范对外投资风险，实现对外投资的可持续发展。商务部还注重通过定量方式综合评价企业海外经营状况。目前，对外投资年检从综合绩效、外汇和运营状况三方面评价企业的整体经营状况，各部分分别占 50 分、20 分和 30 分，其中绩效评价得分需要企业在评价软件中填入经营数据，经过计算后得出。海外运营方面由商务部门或中央企业总部根据所了解到的企业经营情况作出综合判断和评价。这种综合评价的方式能够从整体上了解企业海外经营的状况，有利于监管政策的调整。这些简政放权新举措对于中国企业加速境外投资布局无疑是一大利好，突出了企业在对外投资中的自主权。目前，商务部对企业对外投资的引导和服务内容包括国别（地区）指南、服务“一带一路”、推进国际产能合作、境外经贸合作区和投资合作促进等方面，凸显了在当前国际合作形势下的投资与合作促进。

（3）对外投资项下的外汇登记核准行政审批取消。2015 年 2 月 13 日，《国家外汇管理局关于进一步简化和改进直接投资外汇管理政策的通知》（汇发〔2015〕13 号文）（以下简称《外汇 13 号文》）的出台，无疑是中国企业对外直接投资外汇管理史上的一个重大突破。《外汇 13 号文》直接取消了境外直接投资项下外汇登记核准行政审批，改由银行按照《直接投资外汇业务操作指引》直接审核办理境外直接投资项下外汇登记。这意味着负责境外投资外汇管理这一职能的主管单位由外汇管理局转为银行，这无疑是我国外汇管理体制改革的重大飞跃。因此，自 2015 年 6 月 1 日起，外汇管理局不再负责境外投资外汇登记事项，而只是通过银行对直接投资外汇登记实施间接监管。这意味着企业可自行选择注册地银行办理直接投资外汇登记。企业完成直接投资外汇登记后，再办理后续直接投资相关账户开立、资金汇兑等业务（含利润、红利汇出或汇回）。此外，《外汇 13 号文》也取消了境外再投资外汇备案，即境内投资主体设立或控制的境外企业在境外再投资设立或控制新的境外企业无须办理外汇备案手续。

从对外投资管理体制沿革来看，监管内容、监管手段都在发生转变。随着“备案为主、核准为辅”管理模式的确立，服务导向的管理体制正在加速形成。监管手段由注重事前审核向重视过程监管和事后监管转变。2002 年以前，各部门对境外投资的监管主要体现在事前审核方面，审核内容包括商业合规性审核、项目可行性审核以及用汇审核。从审核制的逐步放松到备案制的最终确立，是市场经济转轨过程中，政府自主地进行经济管理体制改革的结果。这一改革的核心是不断调整政府与市场的关系，改变政府发挥作用的方式，将微观经济决策权还给企业自身。从 2002 年外经贸部和国家外汇管理局对企业进行对外投资年检和综合绩效评价以来，商务部、发改委和外汇管理局对企业的海外投资审核逐步放松，涉及投资行为的审核范围逐渐缩小，核准时限逐步缩短，对企业的服务范围逐渐扩大。同时，对资金来源的审核权限大幅放宽。管理部门对海外投资事前审核的内容越来越少，而对投资动态的把握和投资效果的评价成为商务部的重要工作内容之一。

二、中国国有企业对外投资监管特征

从前文发展历程的分析来看，我国国有企业对外投资监管体制经历了较明显的变化，无论是从监管机构还是从监管的形式和重点来看，企业对外投资监管都体现出对政府、对企业经营自主权的逐步放松。国有企业作为中国海外投资的主力军，既从属于宏观监管体制，又具有特殊的监管要求。当前，国有企业海外投资监管体系仍然很不成熟，一些领域仍然处于监管的真空状态。

（一）分头负责的多部门协作监管

作为我国对外投资主体的一部分，国有企业自然要受国家对外投资管理体系的规范。同时，作为国有资产的运营主体，国有企业还要受到国有产权代表机构的约束。因此，历史上，国家对国有企业的监管主要是由四个部门组成的：发展改革部门主要负责项目投资核准管理，商务部门负责涉外商务管理，外汇部门负责外汇登记核准管理，国资部门负责海外资本监管。从前文可知，项目、外汇及商务核准制已基本取消，企业对外投资作为一种市场化的投资行为，政府应该提供必要的服务，提高其便利性。而对于国有企业，则需要国资部门从产权所有者角度，对国有资本流向进行监管。因此，从过程和结果监管来看，目前国有企业监管的主要责任部门在商务部和国资委，发改委主要是宏观指导。

1. 商务部负责商务备案和海外经营的检查、评价和服务工作

商务部对外投资和经济合作司具体负责对外投资商业行为的核准和备案工作，并对企业海外投资实施监督管理，该部门还负责起草对外投资和经济合作法律、法规，拟订相关部门规章和保障、监管等制度。商务部的过程监管主要是通过境外投资联合年检和综合绩效评价工作而实现的，商务部掌握信息的质量依赖于申报企业的诚信、自律。商务监管主要目标仍在于掌握信息，对企业的监督作用有限。

2. 发改委负责项目核准、备案和宏观指导

在对外投资方面，发改委的职责主要进行项目核准和备案。近年来，随着备案制的推行，发改委加强了对企业海外投资的国别产业指导，服务性管理内容增加。2011 年 9 月，国家发改委连同商务部、外交部一同发布了《对外投资国别产业指引》，在该文件中列示了政府鼓励中国企业投资的国家和产业，其中还包含了一些政府辅助中国公司海外投资的财政激励等举措。

3. 国资委负责国有企业海外资产的整体监管

2014 年之前，国资委对国有企业海外投资的监管主要放在国有企业投

资监管的大框架内，针对海外投资的特殊监管手段较为匮乏。国资委对国有企业海外投资的监管主要涉及以下三个方面：一是针对投资项目的事前监管。国资委要求监管范围内的企业每年向其报送年度投资计划或投资预算，其中包括海外投资项目的基本情况。根据《中央企业投资监督管理暂行办法》（以下简称《办法》），国务院国资委对国有独资企业的非主业投资实施核准管理，对主业投资实施备案管理；一些地方国资委要求就境外投资项目进行可行性评估；《办法》还规定，中央企业对境外投资中的重大事项应及时向国资委报告，涉及的重大事项包括投资额、资金来源及构成的重大调整，股权结构发生重大变化，投资合作方严重违约等情形。二是侧重于事后监管的境外国有资产基础管理制度。根据《境外国有资产管理暂行办法》的规定，境外国有资产基础管理的主要内容包括产权界定、产权登记、资产统计和资产评估等。三是侧重过程监管的绩效评价与考核制度。绩效评价主要是对企业经营管理能力和经营成果进行评价，是考察企业管理层水平的重要手段。国务院国资委相继制定了《中央企业综合绩效评价管理暂行办法》、《中央企业综合绩效评价实施细则》、《中央企业负责人经营业绩考核暂行办法》，对中央企业绩效评价和业绩考核的相关内容作了系统规定，地方各级国资委也先后建立了自己的绩效评价和考核体系。评价指标体系中管理绩效定性评价中的基础管理评价涵盖了对外投资的情况，但该评价主要是针对企业整体经营状况的评估，而非专门针对对外投资。

4. 审计署负责投资业务的财务监督

2008 年，审计署明确了新的职责范围，加强了对企业的经济审计，其中境外中央国有资产的审计工作是一个重要方面。但由于技术手段和海外环境限制，针对企业海外资产的审计一直较为薄弱。到 2015 年 12 月全国审计工作会议上，审计署提出“要坚持境内境外审计一体化，加强对中央和地方国有企业、国有金融机构的审计，揭示国有资产流失或‘坐失’、经营效益下降或不真实等问题及其原因，促进企业深化改革、提质增效、做强主业，维护境内外国有资产安全”，有意补齐国有企业境外资产审计的“短板”，防止国有企业在境外投资中的资产流失。

以上四个部门是目前中国国有企业海外投资监管体制中的主体，从上述对这四个部门的职责介绍可以看出，这些部门在海外投资监管实际操作中多是从自身的管辖权和管理目的出发，缺乏沟通联络，从监管法律法规构成情况也可以看出，这些部门之间缺少沟通协作，会造成国有企业海外投资监管过程复杂、管理效率低下等结果。我国“十二五”规划纲要提出，要“提高综合统筹能力，完善跨部门协调机制，加强实施‘走出去’战略的宏观指导和服务”。因此，有学者提出构建完善国有企业境外投资部际协调机制，建立由发改委、外交部、公安部、财政部、商务部、司法部、国务院国资委、外汇管理局、银监会、金融机构和相关行业协会等参加的国有资本境外投资部际协调会议制度，负责对国有企业境外投资因战争、骚乱等政治风险而面临重大经济损失进行索赔、求偿时的国际协调和协助工作，维护境外国有资产安全，防止国有资产流失（张路，2011）。

专栏 2-1

审计署明确“三定”加强境外中央国有资产审计

2008 年 8 月，国务院办公厅印发了《审计署主要职责内设机构和人员编制规定》，明确了审计署主要职责、内设机构和人员编制（以下简称“三定”）。规定指出，加强审计署对经济责任、关系国计民生的资源能源、环境保护和社会保障资金、境外中央国有资产、财政资金使用效益的审计职责。

审计署的职责调整还包括：取消办理地方性审计法规、规章的备案审查职责；调整对社会审计机构审计业务质量的监督范围，不再核查社会审计机构对审计机关审计监督对象以外的单位出具的相关审计报告。

审计署的主要职责包括：主管全国审计工作；起草审计法律法规草案，拟订审计政策，制定审计规章、审计准则和指南并监督执行；按规定对省部级领导干部及依法属于审计署审计监督对象的其他单位主要负责人实施经济责任审计等。

审计署设办公厅、农业与资源环保审计司、金融审计司、社会保障审计司、外资运用审计司等13个内设机构，机关行政编制为682名。与此前的内设机构相比，取消了经贸审计司、外事司等，新设企业审计司、境外审计司、国际合作司。其中，企业审计司负责组织审计中央国有企业和国务院规定的中央国有资本占控股或主导地位企业的资产、负债和损益，开展相关专项审计调查；境外审计司负责组织审计国家驻外非经营性机构的财务收支，依法通过适当方式组织审计中央国有企业和金融机构的境外资产、负债和损益，开展相关专项审计调查；国际合作司负责组织开展与外国审计机关和国际审计组织的交流和合作，开展对外宣传，负责外事工作。

资料来源：《中国证券报》，2008年8月11日。

（二）监管制度仍以规章为主，法律匮乏

为了规范本国的对外投资，许多国家政府都制定了相关的法令。日本早在20世纪50年代就根据其《外汇法》和《外资法》制定了《外资法实施细则》、《关于根据外资法实行特殊许可标准等的证令》、《根据外资法确定日本银行处理事务范围的政令》。后来，为了促进其对外投资的发展，日本曾经于1979年和1998年两次对其《外汇法》分别进行了大范围的修

改。韩国对外投资的基本依据则是《外汇交易法》和施行令、《外汇交易规定》以及《外汇交易业务处理指南》。

表 2-2 按照时间顺序，列示了中国海外投资监管政策和法律法规，从表 2-2 中可以看出，中国国有企业海外投资监管的法律法规基本上是伴随中国国有企业海外投资发展的过程不断颁布、完善和发展的。当前的国有企业海外投资的监管政策在系统性上比较差，另外，当前海外投资保险的相关制度方面比较匮乏、风险控制亟待加强。

表 2-2 主要的海外投资监管法律法规

时间	法规、文件名称	评 价	颁布机构
1984 年 5 月	《关于国外开设非贸易性合资经营企业的审批程序和管理办法》	中国关于对外投资的第一部规则	外经贸部（商务部的前身）
1985 年 7 月	《关于设立海外分支机构的审批程序规定》	(1) 为对外直接投资规则奠定了原则 (2) 为所有经济实体提供了可以获得财务资源、外资合作伙伴以及相关能力的对外投资机会	外经贸部（商务部的前身）
1985 年	《关于在国外开设非贸易型合资经营企业的审批程序和管理办法》	设定了投资的上限是 1 亿元	外经贸部（商务部的前身）
1989 年 3 月	《境外投资外汇管理办法》	(1) 国家外汇管理局评估用于海外投资的资金来源以及外汇风险 (2) 外汇投资的 5%必须存入一个专门的账户 (3) 海外的盈利汇回中国	国家外汇管理局
1990 年 6 月	《境外投资外汇管理办法实施细则》	明确了详细的与海外投资相关的外汇控制措施规定	国家外汇管理局

续表

时间	法规、文件名称	评　价	颁布机构
1991 年 3 月	《海外投资项目管理的国家规划目标的公布》	（1）20 世纪 90 年代中国对外投资方向的核心文件 （2）中国对外投资应该聚焦于应用海外的技术、资源和市场 （3）海外投资项目应该包括走出去程序的可行性报告 （4）超过 1 百万元的项目应该由国家计划委员会批准，超过 3 亿元的项目应该由国务院批准 （5）涉及国有资产的项目必须由国务院批准	国家计划委员会
1991 年 8 月	《关于检查和批准 OFDI 项目建议和可行性报告的规定》	（1）可行性报告必要内容的明细 （2）指定批准结果送达时间不能超过 60 日	国家计划委员会
1992 年 3 月	《非贸易型海外企业管理和批准规定》	综合和明确了所有关于已有海外投资的相关规定	MFTEC
1993 年 9 月	《境外投资外汇风险及外汇资金来源审查的审批规范》	根据 1989 年《境外投资外汇管理办法》，以及《境外投资外汇管理办法实施细则》制定。旨在规范境外投资外汇风险及外汇来源审查的程序	国家外汇管理局
2004 年 7 月	《对外投资国别产业导向目录》	一是涉及国别（地区），二是涉及投资领域	商务部、外交部联合制定
2004 年 7 月	《国务院关于投资体制改革的决定》	把企业对外投资由审批制改为核准制，并扩大了地方政府对企业对外投资的核准权限	国务院

续表

时间	法规、文件名称	评　　价	颁布机构
2004年7月	《政府核准的投资项目目录（2004年本）》	（1）投资用汇额3000万美元及以上资源开发类境外投资项目由国家发展和改革委员会核准，其中，中方投资2亿美元及以上的要核报国务院核准 （2）投资用汇额1000万美元及以上的非资源类境外投资项目由国家发展和改革委员会核准，其中，中方投资用汇额5000万美元及以上的要核报国务院核准 （3）上述项目之外的境外投资项目，中央管理企业投资的项目报国家发展和改革委员会、商务部备案；其他企业投资的项目由地方政府按照有关法规办理核准 （4）国内企业对外投资开办企业（金融企业除外）由商务部核准	国务院
2004年9月	《国家发展改革委核报国务院核准或审批的固定资产投资项目目录（试行）》		国家发改委
2004年10月	《境外投资项目核准暂行管理办法》	对境外投资项目的核准机关及权限、核准程序和批复时间、项目申请报告及其相关文件、核准的条件及效力等方面做出了明文规定	国家发改委
2004年10月	《关于境外投资开办企业核准事项的规定》	在核准内容上，明确要求有关核准机关主要从国别（地区）投资环境、国别（地区）安全状况、投资所在国（地区）与我国的政治经济关系、境外投资导向政策、国别（地区）合理布局、履行有关国际协定的义务、保障企业合法权益等方面进行把握与核准，并取消了对可行性研究报告的审核。这样规定，符合“谁投资，谁决策，谁收益，谁承担风险”的原则，切实落实了企业投资自主权，是转变政府职能的具体体现	商务部

续表

时间	法规、文件名称	评　价	颁布机构
2004 年 10 月	《关于对国家鼓励的境外投资重点项目给予信贷支持政策的通知》	提出根据国家境外投资发展规划，中国进出口银行在每年的出口信贷计划中，专门安排一定规模的信贷资金（以下简称境外投资专项贷款）用于支持国家鼓励的境外投资重点项目。境外投资专项贷款享受中国进出口银行出口信贷优惠利率，主要用于支持四类境外投资重点项目	国家发展和改革委员会与中国进出口银行
2004 年 11 月	《国别投资经营障碍报告制度》	该制度的目的是帮助企业了解国外的投资环境。该制度规定要求我驻外使（领）馆经商机构、境外中资企业等，以年度报告和不定期报告的形式，集中反映境外中资企业在东道国（地区）投资经营中遇到的各类问题、障碍和壁垒，供国内各有关部门和企业参考，以便有关部门在全面跟踪了解我国企业境外投资经营遇到的各类问题基础上，通过多双边机制，维护我国企业合法权益	商务部
2008 年	《中央企业资产损失责任追究暂行办法》	对导致中央企业资产损失的各种违规行为进行了明确规定，这一办法可以说是确立了境外资产监管的基础，可以说让中央企业境外资产监管做到了“有法可依”。中央企业要“合法合规”，不合规、不合法行为导致了资产损失，将追究相关人员的责任	国有资产监督管理委员会
2009 年	《国家发展改革委关于完善境外投资项目管理有关问题的通知》	通知要求境外收购、竞标项目在对外开展实质性工作之前，应当向国家发改委报送项目信息报告，并抄送国务院行业管理部门。《通知》中明确了项目信息报告的报送方式和发改委收到项目信息报告后的处理流程	国家发改委

续表

时间	法规、文件名称	评价	颁布机构
2009年	《境内机构境外直接投资外汇管理规定》	为促进境内机构境外直接投资的健康发展，对跨境资本流动实行均衡管理，维护我国国际收支基本平衡。主要对境外直接投资外汇登记和资金汇出、境外直接投资前期费用汇出、境外直接投资项下资金汇入及结汇三个方面做出了规定	国家外汇管理局
2010年	《关于进一步推进国有企业贯彻落实“三重一大”决策制度的意见》	进一步将这一制度推广到所有国有企业。“三重一大”的主要目的是确立了国有企业（包括中央企业）集体决策的问题，根据“三重一大”的有关规定，境外投资属于需要集体决策的事项之一	中共中央办公厅、国务院办公厅
2011年6月	《中央企业境外国有产权管理暂行办法》	加强和规范了中央企业境外国有产权管理：①将以往的规定进行了汇总，形成统一的法规。②建立了紧急事件“实时报告”制度，为中央企业境外投资风险应急机制打下了一个很好的基础	国有资产监督管理委员会
2011年9月	《对外投资国别产业指引》	主要介绍有关国家的优先投资领域、主要产业发展目标、重点发展区域及相关产业等。意在帮助企业参照《指引》开展对外投资，可把自身跨国经营与东道国发展需求结合起来，既有利于提高我国对外投资可持续发展能力，也有助于实现互利共赢，共同发展	商务部、国家发改委、外交部

续表

时间	法规、文件名称	评　　价	颁布机构
2012年12月	《国家外汇管理局关于进一步改进和调整直接投资外汇管理政策的通知》	(1) 取消部分直接投资项下管理环节。取消直接投资相关账户开立、入账、结汇以及购付汇核准；取消直接投资常规业务的境内外汇划转核准；取消外国投资者境内合法所得再投资核准；取消减资验资询证；取消外商投资性公司境内再投资的外汇登记及验资询证 (2) 进一步简化现有管理程序。简化直接投资项下外汇账户类型；简化资本金结汇管理程序；简化外商投资企业验资询证及转股收汇外资外汇登记程序；大幅简化审核材料、缩短办理时限 (3) 进一步放松直接投资项下资金运用的限制。放宽直接投资项下外汇账户开立个数及异地开户限制；放宽直接投资项下异地购付汇限制；放宽境外放款资金来源及放款主体资格限制，允许境内主体以国内外汇贷款对外放款，允许外商投资企业向其境外母公司放款	国家外汇管理局

资料来源：根据公开发布的相关法律法规政策整理。

从表2-2可以看出，当前的企业海外投资监管法律体系中缺少了一类重要的法律——海外投资保险制度。所谓的海外投资保险制度是指资本输出国政府对本国海外投资者在国外可能遇到的政治风险提供保证或保险，投资者向本国投资保险机构申请保险后，若承保的政治风险发生，致投资者遭受损失，则由国内保险机构补偿其损失的制度。它是国际投资保护的重要法制之一。

海外投资保险制度被认为是从国内角度保护和鼓励海外投资的有效方式，但是，中国目前并没有真正意义上的海外投资保险法。在中国的海外投资监管法律法规体系中，2005 年由国家发改委和中国出口信用保险公司共同下发的《关于建立境外投资重点项目风险保障机制有关问题的通知》（以下简称《通知》），是迄今为止唯一涉及海外投资保险领域的规章制度，该《通知》明确规定，中国出口信用保险公司向国家鼓励的境外投资重点项目提供投资咨询、风险评估、风险控制及投资保险等境外投资风险保障服务，中国境内注册的企业法人可以向中国出口信用保险公司申请包括征收、战争、汇兑限制和政府违约等政治风险在内的境外投资项目的风险保障服务。除却该《通知》本身比较笼统、缺乏具体的实施细则等局限，时隔 8 年之久，该《通知》颁布时的中国企业海外投资的规模、领域、国别及行业特点在当今都已经发生了很大的变化，制定一个适合当下中国企业海外投资状况的海外保险制度势在必行，对于完善当前国有企业海外投资监管法律体系是非常有意义的。

（三）监管机制不健全，缺乏有效的绩效评估机制

绩效评估作为管理的五大职能之一，是考核管理工作有效与否的重要依据和信息反馈环节。当前对国有企业海外投资的监管，只要在法律允许的范围内，除重大问题仍需审批外，大多不再采取简单的行政命令方式对国有企业的海外投资进行干预和限制。但是作为具有多层委托代理环节和“所有者缺位”的国有企业，对其经营管理活动的监督都是一项非常复杂的工作，更何况在海外投资，这种境外的经营管理活动具有特殊性，但从财务角度的绩效评估很难最大限度地规避国有企业海外资产的投资风险、保障国有资产的安全以及规范国有企业的海外经营活动，应该尝试从财务、战略、行为和风险四个方面对境外投资进行全面绩效评价，力求全面客观地反映国有企业海外投资的情况，最大化地减少委托代理问题、降低道德风险和代理成本。

“要加强境外国有资产监管，健全评价考核监督体系”，这是2006年国务院常务会议上强调的对国有企业海外投资监管的要求和方向。张路（2011）鉴于国有资本的境外投资与境内投资在战略、风险、财务评价等方面存在较大差异，提出了一个多维度、多层次的国有资本境外投资绩效评价体系，对国有资本的境外投资进行更加全面的绩效评价。张路提出的多维度、多层次的国有资本境外投资绩效评价体系，综合考虑了国有企业在海外这一特殊的投资环境下的投资行为，综合企业财务、战略和风险三个维度设计考核指标，构建以“国资监管部门—企业总部—企业下级机构—境外运行主体—具体投资项目”为主体的多级绩效评价体系。

（四）监管环节严重缺失，监管手段有待创新

尽职调查多发生在企业并购前或者投资人进行股权投资前。尽职调查的目的是使买方尽可能地发现有关他们要购买的股份或资产的全部情况。从买方的角度来说，尽职调查也就是风险管理。对买方和他们的融资者来说，并购本身存在着各种各样的风险。因而，买方有必要通过实施尽职调查来补救买卖双方在信息获知上的不对称。一旦通过尽职调查明确了存在哪些风险和法律问题，买卖双方便可以就相关风险和义务应由哪方承担进行谈判，同时买方可以决定在何种条件下继续进行收购活动。

从国有企业海外投资监管主体的构成及其承担的职责以及表2-2可以看出，现有的国有企业海外投资监管环节中并没有涉及尽职调查的相关内容。尽职调查作为并购或者股权投资发生前，资本所有者为了最大限度地减少信息不对称以及由此带来的委托代理成本的工具和手段，其有效性已经得到了国内外理论界和实务界的认可。如果能借鉴到现有的国有企业海外投资监管中，按照比较规范的内容要求，设置在国有企业海外投资发生之前，应该对于降低国有企业海外投资中的信息不对称以及相关的委托代理问题有一定的意义和作用。

第三章

国有企业海外投资：历程、特征与主要问题

由于中国特殊的经济体制和市场转轨过程，中国企业对外直接投资一直都是由国有企业主导的，只不过其份额伴随改革开放的进程有所降低而已（黄速建，2014）。从投资金额来看，国有企业长期以来都是中国企业对外投资的主体，其对外投资行为是中国参与国际经济分工的重要载体，也是中国经济对外开放战略的缩影。截至 2013 年底，在非金融类对外直接投资 5434 亿美元存量中，国有企业占 55.2%，非国有企业占 44.8%，较 2012 年提升 4.6 个百分点。2013 年，非金融类对外直接投资流量 927.4 亿美元，其中国有企业占 43.9%；应该看到，随着民营经济的崛起，对外投资的主力正在逐渐转换为民营企业。2012 年 6 月，国家发改委、商务部、外交部等八部委联合发布《关于鼓励和引导民营企业积极开展境外投资的实施意见》之后，民营企业对外投资在数量和金额方面突飞猛进，民营企业日益成为对外投资的新生力量。但在相当长的时间内，国有企业仍然会是中国企业对外投资的重要力量。

随着中国经济规模的迅速扩大，国有企业对外投资的领域和范围不断拓展，资源承诺的深度不断加深，在能源开发、基础设施建设、工程承包等领域的影响与日俱增。由于国内外体制差异、自身能力和客观环境的局限，国有企业在“走出去”的过程中也面临重重困难和种种质疑，需要在微观制度和宏观制度层面加以克服。

一、国有企业海外直接投资的发展历程

国有企业对外投资的发展历程是中国对外开放从“引进来”到“走出去”过程的一个缩影，它是中国企业不断融入国际产业分工的一个方面，也是中国企业自身能力不断提升的客观反映。

（一）1979~1984 年，贸易企业零星投资建立海外窗口

改革开放初期，我国对外开放的重点是扩大出口和利用外资，少数外

经贸公司从自身经营发展的需要出发，开始在国外设立窗口企业，主要目的是为对外贸易服务。20世纪80年代初，一些大型国有外贸企业开始探索对外直接投资。总的来看，这一时期参与对外直接投资活动的企业为数不多。1979~1984年，我国企业在国外投资兴办非贸易性企业113家，总投资额2亿多美元。对外投资主体主要是中央和地方外贸专业公司、省市国际经济合作公司，如中国化工进出口总公司、中国五金矿产进出口总公司等；投资领域主要集中在餐饮、承包建筑工程、咨询服务、贸易等服务行业；投资主要分布在港澳地区和周边发展中国家。

（二）1985~1995年，能源企业起步探索境外资源

改革开放初期，民营企业仍然非常弱小，中国对外直接投资的主体是仍然清一色的国有企业，而最初的投资目的局限于“开发国内、国外两种资源”。改革开放初期，在原来的计划经济体制下成长起来的大型国有企业，其海外投资行为很大意义上是国家资源战略的反映，企业本身并没有跨国经营经验，因而表现出跃进性、非连续性和非系统性的特征（刘建丽，2009）。在这一时期，国有企业就是中国企业的代表，它们肩负着探索海外市场、寻求外部资源的重任。可以看出，这一时期进行海外投资尝试的基本上都是资源加工类的大型国有企业，如中信集团公司（制造业务）1986年9月与加拿大鲍尔公司合资购买并经营塞尔加纸浆厂；1992年，首钢集团斥资1.2亿美元收购了秘鲁铁矿公司，成为成功并购外国公司的第一家中国国有企业。由于国际经营经验匮乏，企业普遍对海外经营风险的考量不足，这一阶段国有企业为国际化支付了昂贵的“学费”。

（三）1995~2001年，加工制造企业开始拓展海外市场

随着中国市场经济的逐步发展，中国企业包括国有企业增强了市场竞争意识，企业管理能力大幅提升，逐渐有意识、有能力向国外拓展市场。

随着经济体制转轨的逐步推进，中国经济也逐渐从短缺经济时期过渡到过剩经济时代。这一时期的国有制造企业，确立了市场意识，具备了市场化的管理方式和营销理念，一些电子类制造企业开始将它们的目光投向海外市场，不仅可以复制自己的生产模式，也可以进一步向海外拓展市场，转移产能。

表 3-1　1996~2000 年国有企业的首次海外投资项目

公司	年份	地点	内　　容
小天鹅公司	1995	马来西亚	建家电厂
海信集团	1996	南非	建家电厂
金城集团	1996	哥伦比亚	建摩托车厂
TCL 集团	1996	越南	收购港资彩电生产企业 DONACO
华源集团	1997	尼日尔	收购纺织厂
康佳集团	1998	印度尼西亚	合资建家电厂
春兰集团	1999	西班牙、伊朗	建摩托车厂
格力集团	1999	巴西	建电器厂
长虹集团	2000	印度尼西亚	建家电装配厂

资料来源：笔者整理。

从表 3-1 可以看出，这一时期对外投资的主角是家电制造类企业和摩托车制造企业。这些企业在技术上都有引进、消化、吸收的过程，经过国内市场的培育，生产技术快速成长，生产能力在满足国内市场的基础上还有剩余，因此，产生了向外发展的动力。这些国有企业成为中国最早的“市场寻求型”海外投资主体。从投资地的选择看，这些企业基本上都选择了劳动力成本比较低的欠发达国家，这有助于企业在国际化初期较好地控制成本和投资风险。当然，与能源类企业的投资相比，这些企业的投资

额并不大。在这一阶段，能源类企业的投资继续增长，根据联合国贸发会《2002年世界投资报告：跨国公司和出口竞争》，截至2001年底，中国最大的12家跨国公司，主要是国有企业，它们控制着超过300亿美元的国外资产，接近20世纪90年代拉丁美洲的全部资本输出总量。

（四）2001~2008年，多行业并举加速海外布局

“十五”时期，国家明确提出了“走出去”的重大外向发展战略，“鼓励能够发挥我国比较优势的对外投资，扩大国际经济技术合作的领域、途径和方式”。2001年，中国加入WTO，这一重大制度环境变化导致国内竞争加剧，中国企业外向国际化的进程开始加快。2002~2008年，中国非金融类对外直接投资的年均增长速度高达60%[①]。在总体对外直接投资迅速增长的背后，是国有企业日益频繁地进行大规模海外投资的身影。仅2006年一年，国有企业就完成了数宗金额较大的并购交易。不过，这些大规模并购仍然集中在能源领域，例如，中石化对俄罗斯乌德穆尔特石油公司96.86%股份的收购，总交易额为35亿美元；中国石油天然气集团通过其全资子公司中油国际与哈萨克斯坦国家石油公司签订股份转让交割协议，向后者出让中石油持有的33%的哈萨克斯坦PK石油公司股权；中石油以41.8亿美元成功收购哈萨克斯坦PK石油公司；中国有机硅行业的“排头兵”中国蓝星（集团）总公司全资收购法国罗地亚（Rhodia）公司有机硅及硫化物业务项目。不过，随着民营企业的发展壮大和海外战略的兴起，国有企业对外投资比重呈下降趋势。2004年，国有企业占整个境内投资主体的比重由2003年的43%降至35%，2006年，则继续下降为26%。这一时期，国有企业对外投资已从过去以贸易窗口为主，逐步拓宽到以工业制造、建筑、石油化工、资源开发、交通运输、水利电力、电子通信、商业服务、农业等行业领域，并广泛涉及国民经济其他领域，如环保、航空航天、核能和平利用以及医疗卫生等。通过国有企业的对外直接投资，

---

① 历年《中国对外直接投资统计公报》，中国商务部网站，http：//mofcom.gov.cn。

我国在境外形成了若干个原油和矿产资源原料来源和生产基地，获得了国民经济和社会发展所需的油气、矿产资源、木材和渔业资源。尤其是在能源领域与30多个国家建立了资源能源长期合作关系，与俄罗斯、哈萨克斯坦、沙特、苏丹、澳大利亚、印度尼西亚等国的大项目和中长期合作取得了突破，在西欧、北非、南美、东南亚、中亚—俄罗斯海外战略区域建立了年产百万吨以上的原油生产基地；铁、铜、铝、铬等矿种均在境外形成了一定的生产能力。另外，国有企业在境外开展森林资源和渔业合作开发也取得了良好的成效。

（五）2008年国际金融危机以来，海外并购和大规模投资逆势加速

国际金融危机以来，中国企业对外投资在世界投资舞台上表现优异。经过2011年的低迷之后，2012年以来，中国企业对外投资流量实现了持续回升。2012年，中国非金融类对外直接投资金额达到772.2亿美元，同比增长28.55%。之后3年，连续保持10%以上的增长，如图3-1所示。2015年，中国对外投资规模占国际对外投资总额的11%左右，相当于美国对外投资的1/3。虽然中国对外投资规模与美国之间的差距较大，但从投资增长率的角度分析，美国企业自2008年金融危机发生以来，除2011年外，对外投资增长率均为负值，呈明显的负增长趋势。与之相比，中国企业对外投资在2007~2015年以年均26%的速度持续大幅增长。中国企业大规模海外并购助推了海外直接投资额的增长。其中，国有企业的海外并购占了较大份额。尽管总体情况有所波动，但国有企业海外并购的步伐并未减缓。

2011年，国有企业海外并购多有斩获。中石化以35.4亿美元收购葡萄牙能源公司30%股权、海航集团以3.29亿欧元获得西班牙NH酒店连锁集团20%的股权以及中国蓝星（集团）股份有限公司以20亿美元并购挪威埃肯（Elkem）公司等交易，都是年度海外并购的大手笔。中化集团通

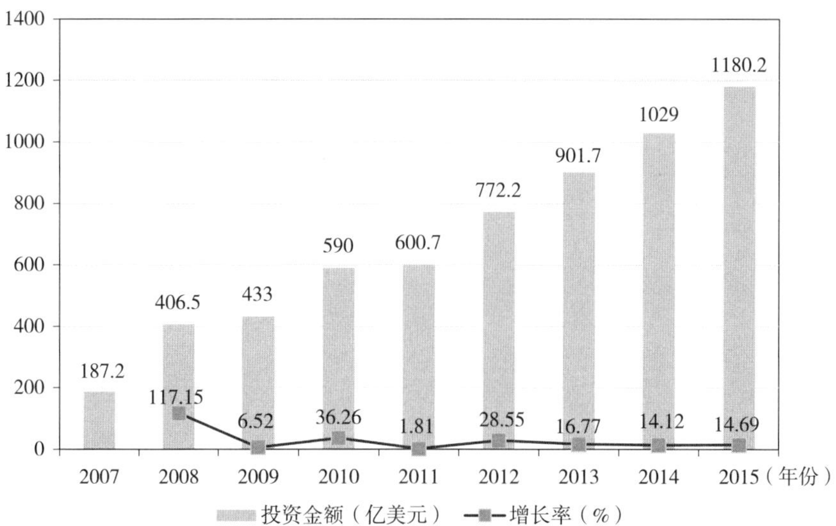

图 3-1 2007 年以来中国非金融类对外直接投资额及增长率

资料来源：商务部对外直接投资统计。

过香港子公司以 30.7 亿美元收购挪威国家石油公司巴西 Peregrino 油田 40%股权，是 2011 年我国企业最大的境外收购项目。从并购案例数来看，能源及矿产行业的并购仍是行业之首，无论是并购的案例数还是并购金额均占行业第一。按照普华永道的统计，2011 年共披露了 16 宗交易金额大于 10 亿美元的海外并购交易，其中包含了 14 宗资源和能源领域交易。国有企业主导的资源和能源领域的海外并购仍占主导地位。2012 年，中国对外投资的重头仍是国有资金大幅注入能源和原材料领域，当年，中国国家主权基金和国有企业在能源领域投资额达 362 亿美元，对原材料领域投资 16 亿美元。2013 年，中国海洋石油总公司以 148 亿美元收购加拿大尼克森公司 100%股权项目，创迄今中国企业海外并购金额之最。

随着国家战略支持和国有企业自身能力的提升，国有企业在“一带一路”沿线国家的投资额增长较快。根据中国与全球化智库的数据分析，截至 2015 年，中国企业在“一带一路”沿线的投资规模集中在 1 亿~10 亿美元的投资案例数高达407起，其次是10亿~100亿美元的大规模投资比较多，达到121起。在“一带一路”沿线的投资领域集中在采矿业、交通运输及制造业。

基础设施建设和交通运输设备领域的大规模投资持续增长。2014年，中国企业在铁路领域的海外累计签订合同额为247亿美元，其中中国铁建同尼日利亚签署的铁路建设合同金额高达119.7亿美元，这是中国企业签署的最大金额的单笔合同。中国南北车海外总合同金额达60亿美元，其中中国北车获得波士顿284辆地铁车辆装备的订单，金额为5.67亿美元，是中国轨道交通设备首次进入美国市场。合并后的中国中车正积极投标美国的轨道交通项目。此外，中国中铁参与俄罗斯的高铁建设，合同金额高达24亿元，意味着中国高铁技术真正地走出国门。同时，中国核工业集团自主三代核电技术再出海，与阿根廷核电公司合作建设压水堆核电站。

二、跨国投资中的主要问题

（一）制度漏洞导致国有资产流失问题凸显

毋庸讳言，由于之前监管漏洞的存在，国有资产流失在国有企业海外投资中非常普遍。之前由于境外监管存在难度，加之中央企业国际化的能力和内部配套制度有限，国有企业海外投资项目乱象丛生。从相关媒体的报道来看，中央企业海外业务的问题不少，一些企业虚增投资金额，借承包低品位矿产、油田的机会，转移投资资金；有些项目人员通过工程承包、物资采购等环节私拿回扣；还有的海外项目甚至是以个人代持的名义进行投资，资金管理非常混乱。当然，不排除一些国有企业由于海外投资受阻，变相地通过私人企业或合资企业的方式进行海外投资，形成国有企业的账外资产，这部分资产难以通过会计核查发现其增减情况。在这种情况下，如果不建立完备的内部治理结构，仅通过外部监管很难收到良好的效果。

软预算约束是国有企业长期以来存在的痼疾，也是导致国有企业随意投资、过度投资的重要原因。陈俊龙（2013）指出，国有企业软预算约束表现在软税收、过少的利润上缴、软信贷、财政补贴、股权融资和恶性增资等方面。加之海外投资监管的漏洞，一些国有企业在海外投资决策过程中并未遵循财务谨慎原则，而是在软预算约束情况下，通过海外投资项目转移资产，或者进行粗放式投资，导致投资收益率不高。相关研究表明，政企不分、产业集中度过高、国有企业的政策性负担、债务约束弱化以及内部人控制等因素都是导致国有企业软预算约束的重要原因。不管是道德性因素还是非道德因素导致企业海外投资受损，软预算约束都是国有企业非效率投资甚至国有资产流失的重要诱因。

（二）海外投资经验不足导致损失惨重

随着国内市场经济体制的确立和国有企业转制的基本完成，一批在国内具备较强竞争力的国有企业具备了向海外扩张的冲动，但这些企业并不熟悉市场经济环境中的交易规制和程序，更遑论在环境陌生的海外市场。对交易标的认识不清、项目投资可行性研判不足，以及对海外经营环境不甚熟悉的情况，很容易将企业拖入泥潭。一些重大投资项目由于缺乏对当地经营风险的评估而血本无归。我国企业在进行技术寻求型并购时，通常处于技术后发地位，对技术前沿和技术方向认识不清，这会导致企业“搭错梯子”的问题。通俗来讲，企业花费了巨额资金，却买来了一堆过时的技术，这种错误的投资有时对企业的发展是致命的。例如，TCL 总裁李东生谈及并购汤姆逊的教训时公开承认，当时的技术方向没有看准。后来的事实证明，汤姆逊的背投（DLP）技术很快就遭到了淘汰。尽管 TCL 并非典型的国有企业，但这种盲目投资导致企业陷入债务负担的情况在国有企业当中却非常普遍。

还有一些企业在收购过程中缺乏国际商务经验，在收购标的定价、尽职调查等方面工作不到位，致使自身因支付过高对价而遭受沉重的财务负担。例如，首钢当年收购秘鲁铁矿公司，就因为经验不足而付出了沉重的代价。当然，这些代价也成为企业在后续国际化过程中的宝贵财富。

专栏 3-1

首钢秘铁投标过高导致沉重债务负担

1992 年，首钢集团以第一个吃螃蟹的气势，走上海外并购之路，斥资 1.2 亿美元收购了秘鲁铁矿公司，成为成功并购外国公司的第一家中国国有企业。此后 12 年，首钢秘鲁铁矿公司（以下简称“首钢秘铁”）在摸索中蹚过一个又一个险滩，最终成为秘鲁的纳税大户，也为中国钢铁工业做出了贡献。12 年里，首钢秘铁在收获经验的同时，也积累了一些教训。

20 世纪 90 年代初，当秘鲁藤森政府决定把长期亏损的国营企业秘鲁铁矿私有化时，其出售意愿正好与首钢开拓海外市场的目标不谋而合。在秘鲁铁矿的国际招标中，首钢以 1.2 亿美元投得该标，收购了秘鲁铁矿公司 98.4%的股份，获得马科纳矿区 670.7 平方公里内所有矿产资源的无限期开发和利用权。

马科纳矿是一个优质铁矿，目前已探明的铁矿储备约 14 亿吨。矿石品位高，含铁量在 50%以上，且大部分为可见矿脉，可露天开采。近年来，在马科纳矿区还发现了铜矿资源，尤其是北部地区的铜矿边界品位为 1%~4%，个别地方达到 15%，极富开采价值。但老牌国有企业出海以后，也要有一个熟悉水性的过程。雄心勃勃的首钢在秘鲁呛的第一口水，就是投标时出价过高带来的债务负担，成为了长期困扰首钢秘铁的隐痛。

首钢在决定竞标秘铁时，中国的钢铁工业正处于快速发展中，首钢甚至提出了年产1000万吨钢的目标，铁矿资源不足成为首钢和整个中国钢铁行业发展的“瓶颈”。因此，首钢对秘鲁铁矿几乎抱着志在必得的期望。由于对秘鲁政府意向调研不足，对参与投标的其他几个竞争对手也不了解，首钢在投标中一下子就开出了1.2亿美元的高价。事后他们才知道，这个价格远远高出秘鲁政府的标底，也大大高出其他对手的出价。这笔投资的本息，要用秘铁每年卖铁矿石的收入来偿还。以后很多年中，首钢秘铁长期存在贷款规模过大、偿付能力偏低、每年支付银行的财务费用过高等问题。尽管首钢秘铁大部分年份都有盈余，但扣除需付银行债务的本息后，就始终难以摆脱亏损困境。为此，首钢秘铁采取了许多办法清还债务，直到2002年，其银行贷款余额才压缩到1000万美元以下。

资料来源：根据公开资料整理。

（三）内部治理与控制失效导致随意投资增加

与外部监管弱化相对应的是，国有企业内部对海外投资存在治理失效和控制不力的情况，这加剧了随意投资的比重。实际上，由于投资环境不熟，海外投资的风险较之国内投资要大得多。在预算软约束和内部控制不严格的情况下，国有企业对海外投资失败不存在问责机制，决策者也不需要承担国有资本流失的责任，从而使对外投资的随意性无形中会增大。尤其是国有企业对外投资的领域多集中于资源开发、工程建设等领域，这些非市场导向的投资，考核的重点并不是市场表现或财务绩效，在很多情况下，海外的业务领域是属于“花钱”的部门，对这些部门的考核是以成本节约为导向的，但在国外环境中，存在很多国内母公司所无法预知和控制的因素，即使存在制度化考核，也很难与国内进行横向比较。况且，在一般的国有企业，对国外业务的内部审计和巡视并没有常规化、制度化，这导致国有企业在对外投资之前和投资之后的经营过程中，都会由于内控不力导致投资约束弱化，形成客观上的随意投资。

（四）跨国并购实施后整合不力导致经营困难

近年来，越来越多的国有企业通过跨国并购进入海外市场，但并购后的成功率并不高，多数企业达不到并购的预期目标。除了一部分由于出价过高导致财务负担过重外，企业并购绩效不佳在很大程度上要归咎于企业并购后整合不力。企业并购后的整合包括业务整合、组织整合、财务整合、人力资源整合和企业文化整合，其中，业务整合和财务整合是较清晰和客观的，而涉及人力资源和组织行为的人事整合和企业文化整合则更为复杂，这是关系到并购后业务能否顺利开展的关键。尤其是在中国企业逆向并购发达国家企业之后，被并购企业的员工在心理上容易产生失落感和不安全感，如果处理不当，容易造成员工之间关系的紧张和疏离，影响海外业务的正常开展。在更深层次上，员工心理反映的是企业文化的差异，一些思想观念和行为习惯很难在短时期内得到根本改变。企业必须在充分了解对方文化的基础上，进行文化协调和沟通，以兼容并蓄、相互学习的态度，引导双方进行文化融合。经过近百年的历史演进，欧美国家大都形成了较完善的工会制度。这些国家的工会组织积累了丰富的集体谈判经验，在特定的法律和制度框架内，对雇主形成强大的劳资关系压力。由于国情差异，多数对外投资的中国企业对国外工会的影响力都估计不足，导致在海外经营过程中疲于应付，在劳资谈判中耗费大量人力、物力和财力，一些严重的劳资纠纷甚至影响到企业的正常运营。仍然以首钢收购秘铁为例，马科纳铁矿无疑是个优质矿，但该矿的劳资矛盾却阻碍了该矿的正常运营。该工会曾产生过数名全国性工会领袖，有的还参加过议员选举。首钢接手秘铁后，针对这样一些富有劳资斗争经验的工会领导人，他们最初以中国国内的经验来处理海外劳资矛盾，走了一个大弯路。在收购

秘铁后的第一年，为了搞好与工会的关系，首钢曾邀请部分工会领导人到中国参观访问。但结果适得其反，这些工会领导人一返回秘鲁，就要求按照中国国有企业的模式处理劳资问题，要求增加当地员工的福利。在劳资矛盾最激烈的1996年，工会曾发动全面罢工达42天，直至政府干预才复工。连续数年的教训使首钢秘铁痛思应对之法。他们专门组织力量研究当地法律、法规，以其为武器与对方据理力争，并拒绝了工会提出的一些无理要求，修改了以前一些不合理的劳资协议，抑制了工会势力的过分膨胀。目前，首钢秘铁正式员工总数已由最初的2900多人，精减到1400多人，个人工资水平虽有所提高，但整体人工成本却有所下降。在并购初期，管理人员和核心技术人员尽可能实现本地化，通过保留原有员工，能够保证企业较快适应海外经营环境，实现顺利过渡。

（五）对国家风险考察不足导致投资受损

国家风险包括主权风险、政治风险、经济风险、安全风险和社会风险等。近年来，屡屡曝出中国企业投资海外遭遇各种外部风险而导致血本无归的案例。由于当前国有企业投资并不受外交部或商务部的特殊管制，导致企业在未充分考察投资风险的情况下贸然投资，遭致损失后再由外交部出面“救火”，也往往是于事无补。在一些政局动荡、社会混乱、恐怖主义活动盛行的国家和地区，国有企业的许多海外投资在风险评估方面都是盲目和缺乏协调的，一些极端情况下，会导致投资无法收回。例如，2003年萨达姆政权倒台后，中国国有企业在伊拉克的70多亿美元投资一夜间成为伊拉克国内征款，至今无法收回。而在2011年的利比亚政局动荡过程中，共有13家央企在利比亚的项目全部暂停，造成了不必要的损失。这些投资主要集中在基建、电信领域。参与非洲铁路、港口等基建投资，不确定性风险也不少，除了当地环保与交通规划政策随时能“叫停”铁路或港口建设，早已圈进大片土地的国际大型矿产公司同样设置种种障碍——如果中国企业所建设的铁路要通过它们拥有矿产区域“地权”（地表的土地产权)，他们就会漫天要价逼中国企业购买地权。此外，中外劳动者工作习惯、劳动力成本差异等都可能构成中国企业投资的陷阱。凡此种种，都警示中国国有企业在对外投资时不可存有侥幸心理，投资风险的考量需放在首要位置。

中海油最终在收购美国尤尼科石油公司的竞争中黯然出场，中铝公司注资澳大利亚力拓集团计划功败垂成，鞍钢集团在美国投资建厂遭遇抵制。这些案例表明，中国国有企业在对外投资时面临一些不可控的制度障碍，这些障碍是目前企业自身所难以克服的。

第四章

国有企业对外投资的制度环境考察

过去十年，中国国有企业实施加快“走出去”战略，在世界市场体系中表现日趋活跃。这些企业在取得显著增长与发展成绩的同时，也遇到了不少新问题。近年来，有些国家通过国家安全审查制度，阻滞了中国国有企业的对外投资活动；也有西方发达国家引入“竞争中立”（Competitive Neutrality）原则，提出了针对迅速崛起的中国国有企业的质疑。本章试图回答两个问题：第一，中国国有企业应该如何正确认识这种看似充满威胁与挑战的制度环境。第二，中国国有企业如何正确应对，才有可能成为真正赢得国际社会尊重的跨国公司。

一、对外投资形势与外部制度环境挑战

（一）对外投资规模迅猛增长

在过去十年间，中国国有企业开始加快走向开放度更高的市场环境。如何理解这十年间中国经济快速增长与对外开放的运行规律呢？Dunning（1988，2001）的研究，对此提供了经济解释，他认为，一个国家的企业参与全球竞争的程度和该国经济发展水平密切相关，呈现出明显的阶段性特征。根据人均 GDP（国民生产总值）的不同水平，可将一国跨国公司的投资行为划分为五个阶段：①人均 GDP 在 400 美元以下时，该国没有参与国外市场竞争的条件。②人均 GDP 在 400~2000 美元时，该国的对外直接投资流入加速，流出却较为缓慢，净对外投资额为负数，且随 GDP 的提高而日益扩大。该国企业也没有实力形成拥有从事对外投资的竞争优势。大多数发展中国家处在这一阶段。③人均 GDP 在 2000~5000 美元时，该国仍为对外直接投资的净流入国。此阶段，该国企业的市场竞争力大为加强，开始参与国际市场竞争。大多数新兴工业化国家处于这一阶段。④人均 GDP 超过 5000 美元后，该国对外投资的流出和流入量将较为均衡，甚至有望成为一个对外直接投资净来源国。多数发达国家处于这一阶段。

⑤人均 GDP 进一步上升，与前四个阶段相比，该阶段的发展，更多地取决于发达国家之间的交叉投资。

以 Dunning 的理论假说为参照系来审视过去十年间中国经济的变化，我们看到，在这段并不算长的时期里，中国的对外投资迅速经历了从第二阶段迈入第三阶段，再迈向第四阶段[①]的转变。2003 年，中国人均 GDP 首次突破 1000 美元；2006 年，中国人均 GDP 达到 2000 美元；2011 年，中国人均 GDP 超过 5000 美元。而从主要发达国家和后发展国家的经验来看（见表 4-1）：美国 1950 年的人均 GDP 为 1936 美元，直到 1970 年人均 GDP 才突破 5000 美元。泰国 1993 年人均 GDP 达到 2000 美元，2011 年人均 GDP 才突破 5000 美元。相比之下，我国用从 2006~2011 年这 5 年的时间便走完了美国 20 年的经济增长过程，丹麦、法国、英国、澳大利亚这些比较发达的国家，也用了 10 年左右的时间。与同为后发展国家的泰国 19 年、马来西亚 17 年、土耳其 15 年的发展历程相比，我国的经济增长速度也明显快了很多。

表 4-1　主要国家人均 GDP 分别达到 2000 美元和 5000 美元的时间

国家	达到 2000 美元水平（现价）	达到 5000 美元水平（现价）
美国	1950 年	1970 年
丹麦	1964 年	1973 年
法国	1965 年	1974 年
澳大利亚	1964 年	1974 年

① 根据 Dunning 的理论，中国应该是已经进入了对外投资的第四个发展阶段。然而，从当前我国企业参与国际竞争的情况来看，我国还未真正进入第四阶段。2012 年，我国对外直接投资达到 878 亿美元，较 2011 年增长 17.6%，名列全球第三位，仅次于美国和日本；其中对美投资增长 123.5%，成为我国第二大直接投资目的地。然而，2012 年我国的外商直接投资流入也达到 1117.2 亿美元，仍为全球接受外商直接投资最多的国家。可见，2012 年我国净对外直接投资为-239.2 亿美元，我国企业应该还正处在第三阶段向第四阶段过渡的发展阶段，即对外直接投资流出加速，净对外直接投资为负值且不断减少的阶段。

续表

国家	达到2000美元水平（现价）	达到5000美元水平（现价）
英国	1967年	1978年
土耳其	1989年	2004年
马来西亚	1988年	2005年
泰国	1993年	2011年
中国	2006年	2011年

资料来源：笔者整理。

（二）国有企业组织制度能力成长滞后于投资规模增长

中国经济水平及对外投资活动如此快速的增长，对承载实施这种增长奇迹的企业主体构成了巨大的挑战。企业组织制度的变革和企业竞争能力、竞争优势的培育，有其不以人的意志为转移的内在客观规律，需要精耕细作。同样的对外投资增长成绩，美国的企业有20年的时间去实现能力的提升和自身的成长；而中国企业，却只有短短5年的时间。美国用20年培育出来的对外投资增长，是有基础非常稳固的经济增长，有经过严苛的市场打拼和充分演化的企业组织能力作可持续发展的保障。而中国用短短5年时间“催熟”的对外投资增长，其成长性和可持续性，还亟待经历更为严格的、由市场机制起决定性作用的环境硬约束的考验。

多项研究表明，我国对外直接投资质量或效益水平与其规模增长态势呈现出背离特征。根据IMF公布的经常账户对外直接投资收益和投资存量估算，2012年我国对外直接投资收益率为4.3%，远低于美国、英国和日本的8.4%、7.3%和6.7%（田昇，2013）。用联合国贸发会议（UNCTAD）开发的对外直接投资绩效指数（OND）来衡量，中国的对外投资绩效指数在全球排名靠后，远低于世界平均水平，甚至低于发展中国家的平均水平（桑百川等，2012）。2011年底国内发布的一项有关中国企

业跨国指数的研究成果显示，我国大企业的跨国经营处于较低的水平，不仅远远落后于世界100大跨国公司的平均水平，也明显落后于发展中国家100大跨国公司的平均水平①。此外，中国企业海外并购失败率也偏高。

我们应该清楚地看到，过去一段时期里，中国国有企业"走出去"的能力，尤其是组织制度能力的提升速度，明显落后于这些企业对外投资的规模扩张速度。有的国有企业将国内相对粗放的投资拉动型增长模式，移植到了国外市场。这种投资增长模式，也许在生产技术条件上有经济可行性，但却面临难以适应国外市场的更为复杂的制度环境的挑战。国际经验表明，跨国公司参与全球市场竞争的前提是，拥有真正的竞争能力与市场优势。与跨国公司成长的一般规律相区别，后发展国家的大企业在参与国际竞争的早期阶段，通常需要本国政府政策手段的支持来形成自身的竞争优势，其竞争优势的大小，不一定与企业能力对等。但无论如何，后发展国家大企业发展战略的成功，最终要建立在这些大企业逐步独立于政府的政策扶持、培育出属于自己的市场自生能力的基础上。中国国有企业，概莫能外。

上述证据表明，中国国有企业的国际化经营仍然处于比较初级的阶段，与真正全球化、国际化的跨国企业的能力差距仍然非常明显；与支撑中国对外投资活动健康、快速和可持续增长的要求相比而言，也还有很大的努力和进步的空间。在本书看来，中国国有企业的一个重要努力方向应是提升企业自身的制度适应能力、增进对国际社会关于商贸活动中企业行为规范的制度要求的理解。

（三）关于对外投资的制度环境的理论研究

与21世纪初相比，如今的中国国有企业生存与发展的环境发生了不少变化。其中的一个至关重要的变化是，加入WTO后，中国经济的全球化

① 陆娅楠：《首份中国企业跨国指数发布　我国企业跨国经营水平低》，2011年11月16日，人民网，http：//ccnews. people. com. cn/GB/142052/16270722. html。

程度和国有经济部门的开放度大大提高。之前，国有企业的生存与发展，主要是在一个相对封闭的国内经济体系里实现的；而今，在新的环境条件下，国有企业不仅要面对国内市场上的国际化竞争，更重要的是，它们还必须走出国门，在国际市场上与世界各国政府与企业打交道，寻求生存与发展的新空间。

为适应上述企业实践层面的新变化，近年来，已有文献从企业外部环境和内部经营管理这两方面研究和讨论了国有企业“走出去”的相关问题。在这些成果中，有些研究涉及对制度问题的探讨。有国内学者分析了国有企业在海外投资中遇到的其他国家的国家安全审查的问题（林平，李嫣怡，2009；王小琼，2010；李锋，2012；潘德勇，2013）。2011 年以来，也有研究者探讨了美国在国际社会力推的针对国有企业的“竞争中立”原则的有关问题（王婷，2012；黄志瑾，2013）。这些研究关注到国外制度环境对中国国有企业“走出去”活动所产生的不容忽视的影响。

本书从企业制度分析的视角来审视中国国有企业应该如何“走出去”的问题。我们关注的重点是国际市场体系中制度环境的复杂性以及它们如何影响企业行为，又如何驱使企业的行为发生改变，而企业行为的改变又如何影响国际商贸规则的演化方向。在理论研究领域，有国外学者提出了“制度距离”（Institutional Distance）的假说，指在企业跨国投资活动中，母国和东道国之间在制度上的差异，会加大外资企业在东道国获取经营行为的合法性的难度（DiMaggio 和 Powell，1983）。Kostova 和 Zaheer（1999）的研究指出，每个国家都有其复杂多变的制度背景，其中有的制度安排之间甚至是彼此冲突的。在应用经济研究领域，OECD 自 20 世纪末以来的一系列成果研究了国有企业在国际贸易投资活动中的地位、角色及相应的制度规范问题。上述两方面研究都强调：在全球化进程中，企业的跨国经营活动，应适应不同国家的制度背景，努力在高度复杂的制度环境里谋求自身存在与发展的合法性。

二、当前国有企业对外投资的特殊制度壁垒

（一）国家安全审查制度

国家安全审查制度，是世界各国用于维护本国核心经济利益、有效监管涉外投资活动的一类制度安排。过去的二十多年，伴随企业跨国投资活动增长，国家安全审查制度在越来越多的国家得到应用，对开展国际化经营的企业行为构成了很强的约束力和影响力。

国家安全审查制度，最早出现在 20 世纪 70 年代初。当时，日趋活跃的跨国投资活动，引发了主要发达国家对本国经济安全[①]的担忧。例如，中东国家和迅速崛起的日本投资者的大规模涌入，引起了美国社会的恐慌；又如，欧美资本在加拿大的大规模投资，激发了当地的经济民族主义情绪；再如，资源性产业吸引外资快速涌入澳大利亚，也给该国经济带来了诸多不利影响，激起了民众的保护主义情绪。就是在这种背景下，加拿大、美国和澳大利亚等少数发达国家率先建立了国家安全审查制度，用于保障本国国家利益和产业经济安全。

早期的制度实践并不那么顺利。在加拿大，政府于 1972 年主张设立外国投资甄别程序和审查机构，对一切外国投资实行逐项审查，相应法案未获国会通过。后来，政府重新起草了《外国投资审查法案》，才获通过，并依此设立外国投资审查局，规定只有对加拿大具有“净利益”的投资才能获得批准。在美国，1975 年的《外国投资法案》要求授权总统基于

① 王小琼（2010）写到，“国家安全”的概念，在第二次世界大战后才成为国际政治中的一个常用概念。“国家安全”与“国家利益”是两个紧密联系的范畴，前者是从后者衍生出来的，离开国家利益，就谈不上国家安全。在国际上，各种国家安全问题归根结底都是由国家间的利益冲突造成的。随着经济全球化的发展，经济利益在国家利益中的地位不断提高，这种国家利益结构的变化导致了国家安全观念的更新。新的国家安全观突破了传统的以国防军事安全内容为主的安全概念，明显提升了经济安全的地位，扩展了国家安全的内涵。

“国家安全”、“对外政策”或“保护美国国内经济”等理由可否决外国投资。该法案未获国会通过。这一年，福特总统设立了美国外国投资委员会(Committee on Foreign Investment in The United States，CFIUS)，负责协助总统就外国投资对美国国家安全的影响进行监督。1977年，一项新的类似的法案也未获通过。直到20世纪80年代中后期、90年代初，日本富士通公司意图收购美国仙童半导体公司以及法国最大的军工企业汤姆逊无线电公司（Thomson-CSF，2000年更名为Thales Group）、意图收购美国军工企业LTV公司的航天航空和导弹部门，这两个外资收购案发生后，美国分别通过了《埃克森—佛罗里奥修正案》（1988）[①] 和《拜德修正案》（1993），确立了强制调查制度：凡涉及外国政府控制或代表外国政府的交易，除非CFIUS确定其不会影响国家安全，否则必须进行强制调查。

进入21世纪，新一轮外资并购潮到来，各国对国家安全审查制度的热衷程度有所升温。在美国，2007年7月26日，国会通过法案，扩大了CFIUS审查的产业范围，强化了其制度合法性。在历史上，德国一直对外资实行国民待遇。该国1961年颁布的《对外贸易和支付法》（AWG），未对外资并购活动设限。2004年，有美国公司获得了一家德国潜水艇制造企业的控股权。随后，德国修订《对外贸易与支付法》，规定“外资如收购德国军工企业的表决权达25%以上，需向联邦政府申报并取得批准”。近年来，中国、俄罗斯和中东等政治形态迥异的国家的企业和主权财富基金纷纷入股德国企业，德国开始担忧命脉产业受他国控制。2009年4月24日，《对外贸易和支付法》的第13次修订正式生效，规定将原来针对军工企业的限制扩大到所有行业企业，这标志德国外资安全审查制度的正式建立。

① 1988年通过的《埃克森—佛罗里奥修正案》，授权总统调查外资并购案对美国国家安全的影响，并有权下令采取禁止或搁置交易的措施。该《修正案》通过后，大部分的外资并购都在被政府阻止以前就放弃了交易。由总统行使否决权的唯一一次例外是，1990年，中国政府航空航天工业部所属的中国航空技术进出口公司收购了美国西雅图飞机零部件制造商曼可公司（MAMCO），事后，这一交易被布什总统下令否决了。

作为转轨经济国家的代表，俄罗斯在2003年以后，遇到了外资大举收购俄资产的问题。这些并购活动引起了俄罗斯有关部门的不安，也使政府真正意识到已有的法律框架不能满足对外资并购进行监管的需要。2005年4月25日，普京在国情咨文中论述了吸引对外投资与国家安全审查的关系。[①] 与此同时，俄罗斯在英、美等国家的投资受阻。作为应对性举措，2008年，俄罗斯颁布《俄罗斯联邦有关外资进入对保障俄罗斯国防和国家安全具有战略意义的商业组织的程序法》，这标志俄罗斯正式建立了国家安全审查制度。

在发达国家群体中，也有像英国这样的老牌市场经济国家，始终没有专门针对外资并购的国家安全审查制度，而是将国家安全作为反垄断审查的一部分，坚持从维护公平贸易和公共利益出发来行使审查权力，其与国家安全审查相关的规定也主要体现在反垄断法中。

还有像法国和日本这样一贯不太欢迎外国投资的国家，其对外政策经历了一个从保守到渐渐开放的变化过程，也走向了引入国家安全审查制度的实践方向。在法国，欧盟法律法规一体化的制度压力，迫使法国放松了对外资的限制。日本在历史上，对外资实行严格的限制和管制。20世纪70年代后，日本经济实力增长，对外投资不断增长，同时，加入经济合作与发展组织（OECD）后，因承担履行国际规则的义务，日本开始放宽对外资的限制。过去十年，日本以产业政策为主的管制方式，面临巨大的制度调整压力，也有朝国家安全审查制度演化的趋向。

从发展历程看，没有一个国家脱离本国需要来发展国家安全审查制度，各国国家安全审查制度的建立，都经历了一个相对深思熟虑的制度演化过程。当一个国家需要吸引外资时，往往会放松对外资企业的管制；当

---

① “在实践中投资者有时会遇到各种各样的限制，其中一些是以涉及国家安全为由的。但这些并不是按法律行事的，这种不确定性不仅给国家也给投资者带来了麻烦……必须通过立法来制定外资参与项目的标准，同时必须明确列出相应的（限制外资参与的）领域和部门，既不能扩大这些部门的范围也能对这些部门进行广义的解释。这种方法在许多经济发达国家被采用，我们同样也应该采用此方法。”转引自普京：《国情咨文——俄罗斯政治转轨总结》，2005年4月25日。

一个国家感受到外资进入的负面性威胁时，往往会加强对外资企业的管制。无论是原本对外资奉行自由政策的国家，还是原本对外资奉行保守政策的国家，它们先后都转向采纳国家安全审查制度。这一制度体系的核心是维护一个国家对本国经济的控制，具体表现为对国家经济主权的普遍性控制以及对重要行业和关键领域的控制。有观点认为，各国国家安全审查制度，是我国企业尤其是国有企业海外并购面临的主要风险之一。从已有制度情况看，除美国、澳大利亚和俄罗斯外，其他发达国家尚没有对外国国有企业执行更高标准的国家安全审查程序（见表 4-2）。各个国家的制度差异，取决于制度制定国的政府是否感受到来自其他国家的国有企业对本国利益的威胁。

表 4-2 主要发达国家对外国国有企业审查是否有高标准

国家	申请阶段	审查阶段
美国	是（强制申报）	是（有额外的考虑因素）
澳大利亚	是（强制申报）	是（有额外的考虑因素）
加拿大	否（所有交易强制申报）	否
英国	否（所有外资并购不需申报）	否
德国	否（所有外资并购不需申报）	否
法国	否	否
日本	否	否
俄罗斯	是（更严格的控制权标准）	是（更严格的控制权标准）

资料来源：笔者整理。

从制度实践看，与传统的行政性、非正式的对外投资管制政策及手段相比，国家安全审查制度具有更系统性、相对透明和公正的优点。在实践层面，各国政府可以在国家安全保护和开放的外资政策之间进行利益平衡，以确定本国国家安全审查制度的审查标准、具体形式、内容和执行力

度。因此，越来越多的国家正在学习引入和不断完善这一制度。相应地，任何一个有志于国际化经营的大企业，也必须学习如何更好地适应这一制度环境的变化趋势。

（二）“竞争中立”原则

20世纪八九十年代，是世界发达国家推行市场化改革的一个重要历史时期。“竞争中立”这个概念，就是在这样的时代背景下提出来的。其政策含义是：消除政府对所有的国有企业竞争优势的非市场性影响。有国内学者将“竞争中立”原则看作继“国家安全审查”之后、针对中国国有企业的另一“紧箍咒”（黄志瑾，2013）。本节将简要回顾过去20余年，三方面力量对“竞争中立”概念的产生、传播及其政策化和制度化实践所起到的关键性推动作用，再就其制度意义进行评述。

首先，20世纪90年代初，澳大利亚成为了“竞争中立”概念及相应政策的发源地。1992年，澳大利亚总理基廷（Paul Keating）设立一个专门委员会，评估竞争政策实施情况。该委员会由希默（Fred Hilmer）教授负责，在1993年8月提交报告。该报告指出，澳大利亚各州市场化改革进程步调不一，并将“竞争中立”作为推进国家竞争政策（National Competition Policy，NCP）改革的6项建议之一①而提出来。这份报告主张，各级政府应确保所属国有企业在同私有企业竞争时，遵守符合“竞争中立”原则要求的行为规范。90年代中期，澳大利亚的联邦、州和地方各级政府共同议定了一系列政策文件，确立了“竞争中立”原则的合法性。其政策目的是消除国有产权由于在重要经济领域享有税收优惠或补贴政策而造成的资源配置扭曲，也就是说，确保国有企业不会仅因为其特殊的所有制性质

① 另5项建议分别是：扩展《商贸法》第五部分针对企业竞争行为的规则的适用范围至市场上所有主体；对限制竞争的立法进行评审；在垄断行业推行结构改革；抑制滥用市场支配地位的定价行为；实行重大基础设施的第三方准入制度。

而获得其私营部门的竞争对手所无法获得的竞争优势。[①]

其次，21 世纪以来，经济合作与发展组织（OECD）有力地推动了“竞争中立”概念的国际化传播。20 世纪末，OECD 针对其成员国纷纷推行的私有化改革，开始关注和研究国有企业改革与公司治理的有关问题。1998 年，OECD 发布《国有企业、私有化和公司治理》。在这项研究的基础上，OECD 将注意力转移到国有企业行为的制度规范问题上，力图从世界各国实践中寻找有普适意义的最佳企业制度。2005 年，OECD 发布《国有企业公司治理指引》，第一部分内容就是强调，一个国家针对国有企业的法律管制框架，应致力于确保国有企业与私营部门企业之间的公平竞争环境（Level Playing Field），以避免由所有制因素造成的市场扭曲（OECD，2005）。其中，“公平竞争环境”，即融入了“竞争中立”之意。

2009 年，“国有企业”和“竞争”作为分别归口于 OECD 公司治理委员会和竞争委员会的两个研究方向出现了合流——OECD 正式将“竞争中立”引入对国有企业理想制度框架的研究。在研究中，OECD 将“竞争中立”演绎为一种适用于所有企业的法律制度环境，在具有这种特质的市场体系中，国有企业和私有企业受到同样的制度规范的约束，政府并不特别关照某一类企业主体或为其提供优越于其竞争对手的政策支持（OECD，2010）。在 2011 年发布的《竞争中立与国有企业：挑战与政策选择》中，OECD 将澳大利亚的“竞争中立”原则作为一种成功实践推出。2012 年，OECD 在《竞争中立：确保国有企业和民营企业之间的公平竞争环境》中将“竞争中立”称为大多数政策制定者认同的“好主意”（A Sound Idea），并将“竞争中立”与“公平竞争环境”的提法画了等号。这份报告还强调，其研究对象范围已经从狭义的国有企业拓展到了各种带有国家政府色彩的商业活动（OECD，2012）。

最后，美国政府在过去的 3 年里积极推动“竞争中立”原则的政策化

---

① Commonwealth competitive neutrality policy statement，1996 年 6 月，http：//archive. treasury. gov. au/documents/275/PDF/cnps. pdf。

和制度化。国际金融危机爆发后，美国从国际贸易体系中感受到了越来越多的竞争压力，这些竞争压力的很大一部分，来自于那些新兴市场经济国家的迅速崛起的企业——包括中国的国有大企业。2011 年 3 月，美中经济安全审议委员会（USCC）举行了“中国国有企业和中美双边投资”听证会，听取对中国国有企业活动性质的不同看法。也就是这一年 5 月，美国副国务卿罗伯特·霍马茨（Robert Hormats）在探讨“中国模式”的问题时，将以中国为代表的政府主导经济发展的模式描述为不同于西方自由资本主义的“国家资本主义”。霍马茨主张和 OECD 一道，发展以“竞争中立”框架（Competitive Neutrality Framework，CNF）为核心的政策体系，以约束国家资本主义在全球公司治理、国际贸易和投资活动以及竞争环境等方面给美国带来的不利影响（Hormats，2011a）。基于维护本国利益的战略考虑，美国成为了近年来国际社会上“竞争中立”原则的最积极的推动者，将对“竞争中立”原则的承诺，纳入跨太平洋战略经济伙伴关系协定（TPP）谈判；还在中国加入《国际采购协议》（GPA）的谈判中施压（王婷，2012）。

回顾过去 20 年的实践历程，“竞争中立”原则从澳大利亚一国的改革实践起步发展，经由 OECD 的研究推广，正有望成为美欧国家共同主导的第二次世界大战后国际贸易规则体系中的一项新的重要制度规范。由于 OECD 和美国在“竞争中立”原则与制度的国际化中起了非常积极的推动作用，且在这个过程中，发达国家维护本国利益的策略意图非常明显，因此，国内有学者对于“竞争中立”原则本身的公平性提出了质疑。例如，王梅（2014）认为，将“竞争中立”概念搬到不同国家的企业之间的竞争中时，特别是不同发展水平国家的企业之间的竞争中时，它的合理性和实施的可能性会面临严重挑战。

本书认为，正确看待“竞争中立”原则与制度的国际化实践，需要把握好两点：第一，“竞争中立”原则的最初产生和发展，是和澳大利亚的经济改革实践紧密联系在一起的。从该国改革成效看，这一制度创新的积极意义是值得肯定的。澳大利亚的实践，对当下中国亟待深化的改革局面，对建设全国统一开放、竞争有序的市场体系，有很强的借鉴意义。第二，到目前为止，“竞争中立”原则与制度的国际化仍处于相对早期阶段，其制度方向和内涵仍然有很强的可塑性。例如，“竞争中立”原则所约束的制度客体，到底是政府还是企业，还是二者兼而有之？“竞争中立”原则所对应的政策内容，到底应该以澳大利亚模式中国家竞争政策的形式出现，还是应该以 OECD 倡导的国有企业或政府的商业行为规范的形式出现？又如，“竞争中立”原则的适用范围，到底是适用于所有企业①还是主要适用于国有企业？是适用于所有的国有企业，还是主要适用于某些类型或某些国家的国有企业②？再如，不受“竞争中立”原则约束的可豁免的事项有哪些？从已有制度文本看，除政府部门或国有企业的非商业性活动外，在两种情境下，各国政府在是否坚持“竞争中立”原则问题上，是有自由裁量权的：一是当机械或严苛地坚持“竞争中立”原则，有可能损害到重要的国家社会目标的情况下（OECD，2010）；二是在坚持“竞争中立”原则的制度成本过高而导致不经济的情况下，如一些小规模的国有企业商业活动就不在约束之列。

有鉴于“竞争中立”原则的本来含义及其具体制度体系仍处于形成过程中这一实际情况，中国政府和企业不宜简单抵触或反感于“竞争中立”原则，而应积极参与到相关国际规范与制度的研讨与制定的工作中去，使其制度化方向能够尽可能朝着与中国利益保持一致的方向发展；同时，应

---

① 本书更倾向性认为，“竞争中立”，是在全球市场化改革浪潮下形成的、主要针对国有企业的带有非中立色彩的竞争行为的有特定含义的概念。OECD 的研究报告则倾向于赋以“竞争中立”更具有普适性的制度含义，指任何企业都不应该仅仅因其所有制性质而处于竞争优势或竞争劣势地位（Antonio Capobianco & Hans Christiansen，2011）。OECD 认为，“竞争中立”本身是一个中性的概念，指的是“在特定经济市场中，没有任何企业受到不当竞争的利益或损害”。参阅 OECD（2012），p. 15。

② 有观点认为，“竞争中立规则剑指中国国有企业”（黄志瑾，2013）。其实，从美国的角度看，这一规则针对的是“包括中国在内的一些国家的国有企业获取的政府补贴或其他优惠可以抵消美国的比较优势”的情况——除中国之外，还有印度对国内资金转账施加限制以使其国有银行业免受外来竞争，再如日本的国有保险公司享有抵制外来竞争的特殊监管政策，越南等国家规定外国企业只能以与该国国有企业合资的形式投资，等等（王婷，2012）。

及时将那些有积极意义的良性制度压力引入国内，对深化国内国有企业改革与市场体系的改革起到推动与促进作用。

三、国有企业获得组织合法性的途径——以世界石油企业为例

（一）石油企业获取组织合法性的必要性

下面以石油工业的国有企业为例，论述所有制本身并不必然是决定企业行为性质好坏的因素。同为国有石油公司，有的企业赢得了国际社会的普遍尊重，有的企业却为国际社会普遍诟病。因此，对一个国家而言，关键问题不在于要不要国有企业，而是国有企业应该如何参与国际竞争。各国国家石油公司的国际化经验表明，努力使企业行为方式更快、更好地适应复杂制度环境，平衡好母国、东道国、公司以及社区居民等多方利益主体之间的关系，这才是任何一国国有企业赢得组织合法性和提升国际竞争力的关键所在。

石油资源是国家发展高度依赖的战略性资源，也是分布极不平衡的自然资源。各国通过成立国家控股的石油公司，增强政府对本国石油资源的控制，通过限制国外资本的进入，保障本国石油产业安全。20 世纪六七十年代，一些发达国家的石油储备满足不了国内日益增长的石油消费需求时，其政府开始积极推动国家石油公司开拓海外市场，以控制更多的石油储备，减少对石油输出国的依赖，降低油价大幅波动带来的经济和政治风险。几十年来，各国的国家石油公司快速发展，成为了国际能源市场上的主要力量[①]。2008 年，《石油情报周刊》（Petroleum Intelligence Weekly,

① 据统计，2005 年，国家石油公司控制了全球石油储备的 77%，而国际石油巨头埃克森美孚（ExxonMobil）、英国石油公司（BP）、雪佛龙（Chevron）和荷兰皇家壳牌石油公司（Royal Dutch Shell）的石油储备分别排在第 14、17、19 位和 25 位，仅控制了不到 10%的世界石油和天然气资源。资料来源：The Changing Role of National Oil Companies in International Energy Markets［J］. The James A. Baker III Institute for Public Policy of Rice University，2007，p. 1.

PIW）发布的世界50大石油公司排名显示，国家绝对控股的石油公司占据了27家，前20名中就有12家[①]。

各国国家石油公司的发展壮大，打乱了原有国际石油市场的供需平衡，引发了各种问题，受到了国际上多方面的批评和指责。人们认为，国家石油公司有复杂的政府背景，是母国政府实施国家战略的一种政策工具，其海外投资行为掺杂了太多的非商业目的，而这种政治和战略意图会增加公司运营成本，导致效率损失。另外，大多数国家石油公司运营透明度低，也是其受到抨击的主要原因之一。过去30年，各国国家石油公司在经营理念、行为方式、政企关系和社会声誉等方面呈现出分化态势，并不是所有的国有企业都受到他国的抵制和指责。有一些国家的石油公司，如挪威的Statoil、巴西的Petrobras等，通过理顺政企关系、提升运营透明度、保护生态环境、促进社区发展等行为，赢得了国际社会和东道国的普遍认可。

有学者使用“企业公民”的概念，来解释全球竞争环境下的企业成功法则（Crane和Matten，2004、2005、2007）。参与国际竞争的企业，其行为不仅受到经济规律约束，还要符合各种国际行为规范，如维护公民权利、保护生态环境、提高社会福利等。尽管目前大多数的国际规则属于自愿性而非强制性条款，对跨国公司行为的影响很有限，但是，不遵守这些规则的企业的海外投资行为受阻的实例表明，企业行为合规的趋势是不可逆转的（Chen，2007）。纵观各国国家石油公司的国际化历程，基本上都经历了一个从对国际制度环境不适应到适应的过程。实践证明，那些能够较快转变行为方式、主动适应国际制度环境的企业，更容易获得在国际市场的组织合法性，并且具备更强的可持续发展能力。

---

① Energy Intelligence Group. Petroleum Intelligence Weekly Ranks World's Top 50 Oil Companies (2009) [N]. http://www.energyintel.com/pages/Eig_Article.aspx? DocId=245527，2008-1-1. 以2007年底的统计数据为准。

（二）挪威国家石油公司的实践

挪威国家石油公司（Statoil）是世界公认的最优秀的国家石油公司（Gordon 和 Stenvoll，2007）。Statoil 成立于 1972 年，由国家 100%出资设立。与其他国家石油公司一样，Statoil 成立初期，享受了政府优惠政策，承担了振兴挪威石油和天然气工业的重任。20 世纪 80 年代中后期，Statoil 开展了国际化经营活动。同期，挪威政府明确要求 Statoil 努力发展成为一家营利性公司，不再享有优惠政策。2001 年，Statoil 启动了部分私有化改革，成为上市公司。政府股东的适度“隐退”，减少了 Statoil 的非经济职能，实现了“去行政化”，使其真正成为一个自主的市场主体，为其提升国际竞争力和获得组织合法性奠定了制度基础。图 4-1 简要刻画了 Statoil 在不同发展阶段的职能演变，可以看出，随着企业承担的政府职能和社会功能逐渐减弱，Statoil 实现了向符合市场规律的价值创造功能的回归（Gordon 和 Stenvoll，2007）。

事实上，即使是 Statoil 这样的优秀典范，在实施国际化战略的过程中，也会因为不规范的企业经营行为而备受苛责。2006 年，Statoil 因一笔价值 520 万美元的贿赂行为违反美国《反海外腐败法》（U. S. Foreign Corrupt Practices Act），分别向美国证券交易委员会（Securities and Exchange Commission）和美国司法部（U. S. Department of Justice）缴纳罚款 1050 万美元（Gordon 和 Stenvoll，2007）。事后，Statoil 为挽回公司声誉，做出了一系列改变和努力，包括定期发布可持续发展报告，提高公司运营透明度；发起阿卡萨社区发展计划（Akassa Community Development Project），改善当地居民的生活水平，等等。这些举措使其重新树立起好的企业公民形象，为其深化国际化进程奠定了良好基础。

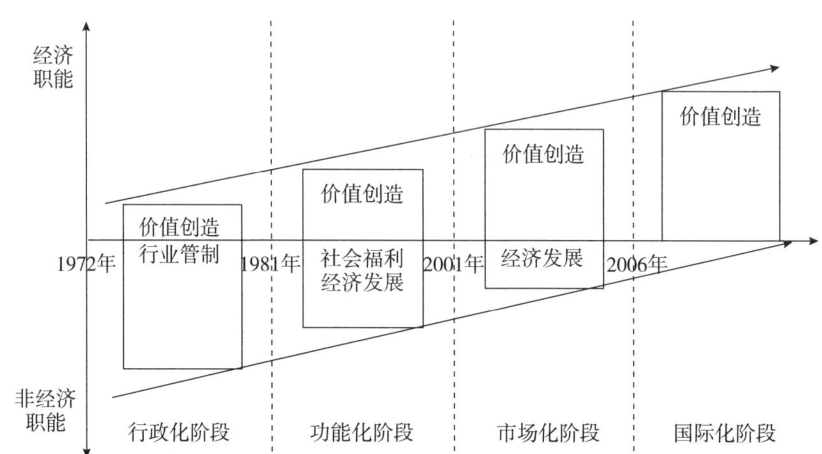

图 4-1　挪威国家石油公司主要发展阶段及职能变化

注：图中的“行业管制”职能包括政府直接指定的石油开采、许可证发放、管制功能等；“社会福利”职能包括创造就业和教育机会、捐赠奖学金、从事基础设施建设等方面；“经济发展”职能主要包括促进技术转移、产业化、对外投资等方面；“价值创造”职能主要指追求财务收益和利润、回报股东。

资料来源：笔者参考 Gordon 和 Stenvoll（2007）的 Statoil 发展历程图绘制。

（三）巴西国家石油公司的实践

另一个优秀企业的案例是巴西国家石油公司（Petrobras）。2005 年，Petrobras 在厄瓜多尔投资的一个石油开采项目，由于对亚苏尼国家公园（Yasuni National Park）的生态环境存在威胁，而遭到科学家、环境保护组织和本地居民的强烈反对①，Petrobras 甚至因此一度陷入了法律纠纷。在各方面的巨大压力下，Petrobras 不得不修改最初的实施方案，取消跨河建桥的计划，改址石油加工厂，使用直升机代替管道来输送石油，这一举措

① 厄瓜多尔的亚苏尼国家公园（Yasuni National Park）是地球上生物多样性最丰富的地区之一，生活着大量珍稀动物，同时也储藏着丰富的石油资源。2005 年，Petrobras 开始实施一项石油开采项目，涉及亚苏尼国家公园内的两个区域，包括在公园附近建设石油加工厂和在纳波河上建设一条 32 公里长的管道。

得到了当地环境保护人士和科学家的一致认可。经历这次风波后，Petrobras 开始致力于将社会责任理念融入日常运营，专门成立了社会与环境责任管理委员会，实现了经营理念和行为方式的转变，从而有效融入了外部制度环境，逐步获得了东道国的接纳和国际社会的认可。

（四）小结

通过观察多个国家石油公司的行为差异以及国际社会和东道国做出的回应，我们可以发现一些共性规律，一些“好的行为”更容易被国际社会和东道国所接受，而一些“差的行为”更容易招致国际社会的指责和东道国的排斥（见表 4-3）。笔者认为，只要认真吸收他国国有企业国际化经营中的经验与教训，任何国有企业都完全有可能成为遵守国际企业行为规范和受国际社会普遍欢迎的企业。“好的行为”，应该成为中国国有大企业努力的方向。

表 4-3　国有企业海外投资中“好的行为”和“差的行为”

容易被接受的“好的行为”	容易招致排斥的“差的行为”
遵守国际社会和东道国法律规范	违反当地法律法规或国际法案
加入国际社会组织并做出明确承诺	发表反动言论，引发政治或社会冲突
保持较高的运营和产出效率	由于承担非经济目标而降低效率
对东道国的经济发展做出贡献	威胁东道国国家安全和产业安全
雇用本地员工，促进东道国就业	对本地就业机会贡献不足或加大就业压力
维护劳工合法权益	损害劳工权益
保护生态环境和生物多样性、促进社区发展，改善当地居民生活水平	造成当地生态环境污染，对社区发展和当地居民生活产生不利影响
加强信息披露，提高运营透明度	运营透明度低，存在经济腐败和贿赂问题
不依靠母国政府支持的市场化经营方式	与母国政府关系过于紧密，带有政治意图

续表

容易被接受的“好的行为”	容易招致排斥的“差的行为”
与跨国公司或东道国企业建立合作伙伴关系	牺牲东道国利益而实现自身发展目标
决策时吸纳多方意见	决策时不顾反对的声音而独断专行
平衡好经济、社会和环境的关系，实现可持续发展	只关注经济增长指标而忽视社会和环境影响

资料来源：笔者整理。

四、研究启示与管理建议

（一）研究启示

本章第三节和第四节论述了国家安全审查制度和“竞争中立”原则。2012 年 4 月 10 日，美国和欧盟发布《欧盟与美国就国际投资共同原则的声明》，该文件提出的七项原则，其中两条原则涉及这两项制度安排。如文中所论述的，无论是国家安全审查制度，还是“竞争中立”原则，都经历了一个比较漫长和谨慎的制度化过程，应该看到，它们对应的国际商贸规则有其内在制度逻辑的合理性和建设性。在未来相当长一段时期里，这两项制度安排有望在国际商贸领域里发挥出非常强的影响力，而它们所构建的国际制度环境，与国内制度环境有根本性的差别。中国国有企业应冷静和客观对待置身其中的制度环境的变化，克服情绪化的思维，避免先入为主地将这些制度视作“走出去”的障碍。

本章的研究意义在于帮助中国国有企业树立一种有益观念，以正确理解和对待企业在“走出去”过程中遇到的问题。有一种观点认为，不少企业遇到的实践问题，在很大程度上是由于中国与其他国家在意识形态或基本经济制度上存在根本性分歧而导致的；并认为这类问题的矛盾性质，通

常是不可调和的。这种观点已经有一定的舆论影响力，但它对企业实践有消极影响，不利于帮助中国国有企业端正心态和学习成长为真正优秀的跨国公司。

放眼整个世界经济体系，国有企业在国际商贸总量中占比处于一个相对较低的水平，但不是完全没有。越是那些起步发展晚的国家，其国有企业的地位和作用往往越重要。因此，没有任何一个国家的对外政策会简单到排斥他国的所有国有企业。从全球范围看，各国国有企业在国际化经营的理念、行为和绩效方面，表现出很大的差异性。在同一国家或同一产业领域里，不同国有企业面临同一制度环境，有的国有企业被拒之门外，但有的国有企业却能成功实施投资活动，使各方利益相关主体均能从中受益。这说明，企业的所有制特征，并不必然决定企业对外投资活动成败与否，不同企业在能力上的差异，才是决定企业成败的关键。

总之，在本书的研究主题下，我们强调，应避免陷入关于国有企业制度与国际商贸规则之间矛盾的无谓之争。对中国而言，保留比重高于市场经济国家平均水平的国有经济部门和融入全球市场，这二者并非不可兼得的鱼和熊掌。问题应该聚焦于，我们到底需要什么样的国有企业和什么样的国有企业行为？这恰如霍马茨在倡导美式“竞争中立”原则时反复陈述的两个基本点：一方面，中国企业体制以及中国是否需要、如何需要国有企业，这是与他国无关的中国内部事务；另一方面，中国国有企业如何参与国际市场，这些企业行为规范是否遵循公平竞争要求，却是关系各国贸易伙伴利益的实际问题（Hormats，2011b）。本书给出了 Statoil 和 Petrobras 这两个案例来说明，任何一个国有企业，只要奋起直追，积极主动地去适应制度环境的要求，及时纠偏不合规的经营行为，就有可能成为模范企业公民。

（二）管理建议

立足于企业制度分析的视角，本章重点关注三个问题：

第一，中国国有企业面对的国际制度环境，与这些企业早已熟悉的国内制度环境，有着截然不同的制度逻辑。本章并不孤立探讨国家安全审查制度或“竞争中立”原则的内容或其应对策略，而是将各国国家安全审查制度和“竞争中立”原则以及其他类似的制度要求，看作与世界市场体系相伴生的一个国际性制度环境的有机组成部分，它们表现为一系列针对企业国际化经营行为的具体规范要求。它们的形成与演化有内在的制度逻辑，与已有国际规则体系环环相扣，又不断有所动态发展。

第二，从原本熟悉的国内制度环境转入陌生且复杂的国际制度环境，这对“走出去”的中国国有企业提出了新的能力要求。在这里，企业能力指的不是一般意义上的生产技术能力，而是指企业适应制度环境变化的能力。全球性大企业，无论是非国有的跨国公司还是国有大企业，都应该致力于使企业行为符合特定商贸情境中的企业行为规范要求。在适应各种制度压力的过程中，企业学习、采纳和发展那些标准化的、能在世界各国通行的经营管理行为规范，并据此推动企业内部资源条件的改善与能力的提高，最终才能使其经营活动为广泛的各国利益相关者所接受。

第三，国外国有企业的经验与教训表明，那些能够较好地适应国际规则体系的国有企业，会拥有好的企业声誉，也因此成为国际市场上受欢迎和受尊重的投资与贸易主体。中国国有企业在“走出去”的过程中，必然会遇到各种各样类似国家安全审查制度或“竞争中立”原则这样的制度压力。中国国有企业应该积极效仿那些已经在国际市场上树立良好的竞争声誉的国有企业，大力推进自身的组织制度变革，提高适应复杂的制度环境变化的能力。那些应对制度距离的能力更强、经营行为更符合国际惯例要求的国有企业，它们适应国外制度环境的难度越小，主动参与改变和塑造国外制度环境的可能性越大，就越容易成功“走出去”；反之，“走出去”的失败概率就越大。

最后，在政府和企业的应对举措方面，我们提出以下三点建议：

第一，加强了解国际企业行为准则。一个有效的方法是积极参加国际

交流活动，有选择地融入对中国持善意态度的国际社会组织，多争取参与国际规则的研讨与制定的机会，按照国际交往惯例来表达中国企业的利益诉求。

第二，贯彻落实好深化改革的精神，进一步理顺国有企业与政府之间的关系，确保企业决策和经营的自主权，还原企业在市场中的主体地位。

第三，最关键也是最困难的，是转变我国国有企业的核心价值观和经营理念，在发展自身的同时，也应促进东道国经济社会发展，构造出“共赢”的利益共同体，巩固互信，为全球化条件下的各国经济繁荣与社会进步做出应有的贡献。

（三）当地居民和国际 NGO 对中国企业社会责任缺失的指责

快速发展的国内经济和城市化进程使中国对石油、天然气、铁矿石等能源、资源的消费需求持续上升。现在，中国已成为世界第二大石油进口国，中国钢铁企业的原料需求也已占到全球铁矿石需求的 60%。伴随着中国国有企业频繁地到海外进行资源寻求型投资，中国企业也招致了当地居民和一些 NGO 的不满和批评。事实上，有些中国企业在过分追求自身目标过程中没有带来实质的就业，同时在资源过度开发、环境保护不力、不尊重当地法律法规与文化习俗等方面确实留下了被人诟病的口实。2011 年，赞比亚大选就围绕是支持还是反对中国在赞比亚的大规模投资热展开了辩论。民族主义团队的胜出在一定程度上反映了赞比亚选民对中国企业和中国资本的负面情绪，这是我国政府和企业不得不正视和深思的问题。当然，我们应该看到的是，中国企业在非洲一些国家的大部分投资仍然受到欢迎，中国在输出资本的同时，改善了当地的基础设施，带去了先进的管理经验，为当地经济发展做出了积极的贡献。另外，为获得长久的经济合作和投资机会，中国企业尤其是国有企业当更加关注当地民众的呼声和诉求，强化社会责任担当，改善中国企业在当地的整体形象。

第五章

国有企业投资中的虚假陈述与系统性风险

即使在金融危机集中爆发期间或市场综合指数与个股股价同时下跌的情况下，仍然不能认为投资损失完全是由系统性风险造成的。在双重代理存在的情况下，公众所有者对国有企业的内部管理存在严重信息不对称。现实情况表明，国有企业存在虚假陈述的动机，以达到个人晋升或逃避监管的目的。对于虚假陈述类上市公司的投资者而言，其投资损失或收益在中国现行法律要求和市场环境下由三部分影响因素构成，包括固定投资收益效应、系统性风险效应和虚假陈述类特质效应。本章着重阐述虚假陈述类特质效应和系统性风险效应的机理关系。

一、现实困境与理论问题

虚假陈述也称不实陈述，泛指证券发行交易过程中不正确或不正当披露信息和陈述事实的行为。虚假陈述具有广泛的社会负面影响和严重的经济后果，其中最直接的侵害对象是广大受损的投资者。对于国有企业而言，则损害的是国家利益和人民群众的根本利益。随着法律维权意识的逐渐增强，越来越多的投资者愿意拿起法律武器来维护自己的切身利益。对于广大受损的股民而言，《最高人民法院关于审理证券市场因虚假陈述引发的民事赔偿案件的若干规定》（2003）为其获得损失补偿提供了重要的法律保障和支持。然而10年的司法实践表明，法院在审判过程中难以界定和计算由虚假陈述引致的投资者损失赔偿额。其中一个重要的原因是，控辩双方在系统性风险对投资损失的影响上争执不下，作为争执焦点的该影响因素只是由法规简单提及而并未给出具体的指导性意见。在2012年的众多审判案例中，系统性风险成为投资者不能获得赔偿的重要障碍；以近些年来肆虐的金融危机为理由，越来越多涉及虚假陈述的上市公司拒绝给予投资者补偿。反观这十年的虚假陈述审判案例，可以明显地将其结果分为“完全赔偿”与“完全不赔偿”两种情形，而通过界定系统性风险的影响来具体计算虚假陈述引致损失的少之又少。上述问题中潜藏着学者和法律

界人士长期以来没有达成一致和有效意见的关键核心问题，即在系统性风险和虚假陈述之间如何分割其各自造成的损失。要解决这一重要难题，需要明确在虚假陈述背景下的证券投资损失是由哪些因素造成的，以及它们之间的机理关系如何。

在上市公司存在虚假陈述的背景下，如何界定和划分投资者损失的构成成分呢？对于受到虚假陈述侵害的投资者，系统性风险效应和虚假陈述类特质效应是两种首先需要考虑的损失影响因素。

在本书中，系统性风险效应是指由系统性风险给投资者造成损失（或收益）的因果现象。均衡 CAPM 模型（Sharpe，1964；Lintner，1965）最早界定了系统性风险对投资收益（或损失）的决定关系。这种决定关系在一定程度上是投资收益（或损失）随系统性风险变化而变化的体现。系统性风险在不同的时间段内会产生不一样的损失效果，在考虑市场指数随时间变化的同时，也应考虑 β 系数在不同时点上的差异。有很多研究的结果表明系统性风险 β 系数是时变的，如 Schwert 和 Seguin（1990）、Groenewold 和 Fraser（1999）、Brooks 等（1998）。实际上，这种系统性风险 β 系数的时变性是潜在的、细微的。最早由 Fabozzi 和 Francis（1978）提及，当市场模型中的回归 β 系数在一段时间内为不变量时，实际上真实的 β 系数是随机变动的。Berglund 和 Knif（1999）认为，对于规模较小且非多样化的企业而言，β 系数可能在短期内快速显著变化。β 系数的这种不稳定性也意味着系统性风险给投资者造成损失的“随机性”。另外，相对于 GARCH 等其他众多分析模型，采用状态空间卡尔曼滤波的方法能够提高时变 β 系数的分析和预测精度，Berglund 和 Knif（1999）、Bramante 和 Gabbi（2006）、Callaghan 等（2012）、Zhou（2013）都给出了相关的实证证据。也有学者尝试在状态空间模型的基础之上改进模型的估计方法和精确性，如 Su 和 Hwang（2009）采用了两阶段的方法用于估计 CAPM 模型的时变参数。相对精确的时变 β 系数为本书进一步分析系统性风险的时变性及其与投资者损失构成成分之间的机理关系提供了理论基础。

可以将虚假陈述类特质效应定义为在虚假陈述背景下由一些虚假陈述类的特质因素给投资者造成损失（或收益）的因果现象。对于虚假陈述类特质效应的研究在事件研究法的分析中得以部分体现。在确定虚假陈述损失赔偿额的研究中，陈向民、陈斌（2002）采用事件研究法计算累计超额收益率来评估投资者的受偿水平。Peterson（1989）指出，事件研究法的目的是分析市场对那些能够明确界定的特定事件（如虚假陈述曝光事件）的反应，观察投资者是否会获得非正常或超额的收益率；其中非正常或超额的收益率实际上是观测的收益率与正确设定模型所估计的收益率之差，也即预测的误差项。Jensen（1968）计算了存在于均衡 CAPM 模型之外的常数项 Jensen-α 用于评估基金经理人的非正常收益或损失。在正确设定模型如时变 β 系数的情况下，Jensen-α 的本质思想与事件研究法计算的预测误差项是相同的，是基于错误信息如虚假陈述而产生资产错误定价的结果，也即可供套利的超额收益（Jarrow 和 Protter，2013）。因此，在虚假陈述背景下，该预测误差项或超额收益率是虚假陈述影响效应的直接后果。

由于虚假陈述类上市公司的财务信息等已经被证券监管机构认定为重大不实，那么如 Lakonishok 和 Shapiro（1986）、Fama 和 French（1992）等提出的资产规模、账面与市场价值比、市盈率和财务比率等一系列企业价值指标在事实上已不能成为投资者收益的影响因素。而且，Black（1993）对 Fama 和 French（1992）的研究进行了严厉的批评，指出 Fama 和 French（1992）的研究并未给出企业规模、账面与市值比与预期收益之间存在关联的理由，缺乏理论的支持。Black（1993）同时认为，恰是被 Fama 和 French（1992）所忽视的 β 系数具有深厚的理论基础和研究历史。另外，在多因素模型的研究中，Campbell（1996）指出，系统性风险是超额收益最主要的决定因素。因此，投资收益率的多因素决定模型在虚假陈述背景下就失去了存在的必要性，而传统的市场模型此时更具有说服力和可靠性。

与 CAPM 模型有异曲同工之妙的市场模型启发性地给出了投资收益率

的理论决定关系式。基于市场模型表达式 $r_t = \alpha + \beta r_{Mt} + \varepsilon_t$，可以直接将投资收益率的构成成分理解为固定性影响因素、证券市场综合指数收益率和在时变收益率下由证券投资收益或损失本身附带的企业特质性因素等。如果固定投资收益对投资者收益（或损失）的影响不显著，除系统性风险因素之外能够成为投资者损失的外生影响因素并且为现行法规所认可的就只有虚假陈述类特质因素。这是因为，只要不能证明与虚假陈述无关的，按照现行的法律规定都应当属于由虚假陈述引致的投资者损失的补偿范围。这里面暗含着法律界普遍认同的观点，即对于虚假陈述应当从严从重处理，对上市公司的处罚应当不低于其通过虚假陈述所获得的各种可能收益。因此，对于虚假陈述类上市公司的投资者而言，其收益或损失在现行法律要求和市场环境下主要由固定投资收益效应、系统性风险效应和虚假陈述类特质效应三部分影响因素构成。系统性风险所造成的损失与虚假陈述没有因果关系是一种推定事实。而该推定事实已得到现行法规的认可，这就只要求在投资者损失中扣除系统性风险损失即可确定虚假陈述的损害结果。杜莹芬、张文珂（2013）的研究表明，作为推定事实的系统性风险损失能够通过分析检验得以证实，对于由虚假陈述引致的损失赔偿额的计算也能够相对精确化，这为本书分析投资者损失的构成成分及其机理关系提供了理论借鉴。

二、投资损失（收益）构成成分的机理关系

（一）虚假陈述类特质效应与系统性风险效应的度量

在既定时间段内，由系统性风险给投资者总体造成的平均损失比例可以由统计指标表示出来。杜莹芬和张文珂（2013）采用了相关系数作为在一定条件下表示系统性风险损失比的度量指标。该相关系数无须区分是系统性风险收益占比还是系统性风险损失占比。在实践运用中，通过对投资

者的净损失扣除相应的系统性风险效应部分即可得出虚假陈述的损失赔偿金额。当β系数固定时，可以将其近似等价地表示为：

$$\rho_c = \beta \frac{\overline{|r_{Mt}|}}{\overline{|r_t|}} = \frac{\text{系统性风险收益损失率绝对量的均值}}{\text{总的收益损失率绝对量的均值}}$$

无独有偶，对于虚假陈述类特质效应给投资者带来的投资损失比例也能够通过相应的统计指标加以度量。李景华和朱尚伟（2013）在分析拟合优度的局限性时，给出了残差误差率作为反映模型拟合程度的一个替代性指标。针对本书研究的问题，可以将该指标用于虚假陈述类特质效应分析。该指标在数学上可以表述为：

$$\varphi = \frac{\sqrt{\frac{1}{n}\sum \hat{\varepsilon}_i^2}}{\overline{|r_t|}} = \frac{\overline{|\hat{\varepsilon}_t|}}{\overline{|r_t|}} = \frac{\text{虚假陈述类收益损失率绝对量的均值}}{\text{总的收益损失率绝对量的均值}}$$

显然相关系数与残差误差率是对同一性质问题分析的两个方面，但两个指标在度量关系上并没有像拟合优度和拟合误差那样具有完美的数量对应关系。对于长期的虚假陈述效应分析，拟合误差率指标会失效，因为长期而言拟合误差率会因为异方差的问题而导致该指标失去意义。相关系数与残差误差率两个指标都是总量上的分析指标，对于具体证券交易中的收益损失率的比重分析并没有指针作用。针对上述问题，本书考虑采用如下两个直接对比指标：一个作为系统性风险效应比，另一个作为虚假陈述类特质效应比。两个指标分别表示为：

$$RHO_{(t)} = \frac{\hat{\beta}_t r_{Mt}}{r_t} \text{和} PHI_{(t)} = \frac{\hat{\varepsilon}_t}{r_t}$$

与前述指标不同的是，它们可以直接与特定交易对象的短期收益损失率相联系。把相应的正、负号区别考虑进来，分别表示不同的收益、损失含义。中国的资本市场普遍被认为不是一个有效的市场，这样，投资者对于虚假陈述类相关信息的敏感性就会在投资交易区间存在模糊性和变化性，则虚假陈述效应就存在时变性。同样，在投资交易区间内的β系数和

市场指数都可能存在时变性，所以系统性风险效应也存在时变性。上述系统性风险效应比和虚假陈述类特质效应比都可以反映出这样的时变特点。

如果出现了固定投资收益效应不显著的情况，市场模型可以改写为 $r_t = \beta r_{Mt} + \varepsilon_t$，即投资收益率只受系统性风险效应和虚假陈述类特质效应两种因素的影响。此时，作为一种统计学指标的拟合优度 R^2 可以用来描绘投资收益率的变异性有多大程度是由系统性风险造成的。但 R^2 指标本身存在很多应用上的问题，一直广为诟病。统计学家更多的是将该指标当作一种参考指标来使用。在观察期间内全部投资收益的变异性中，更直接地反映归因于系统性风险效应的比例应当是 R^2 的平方根，可以称为全样本拟合比。

$$R = \sqrt{\frac{\sum(\hat{r}_t - \bar{r})^2}{\sum(r_t - \bar{r})^2}} = \frac{\overline{|\hat{r}_t - \bar{r}|}}{\overline{|r_t - \bar{r}|}} = \frac{\sum|\hat{r}_t - \bar{r}|}{\sum|r_t - \bar{r}|}$$

更精细的，若计算某一具体交易日中系统性风险效应的比例，可以考虑单样本的拟合比，虽然该指标在统计学上没有什么意义，但是针对本书的研究可以用来作为某交易日系统性风险效应偏离均值占总的收益损失率偏离均值的比例关系。单样本的拟合比 $RSR_{(t)}$ 可以表示为：

$$RSR_{(t)} = \frac{\hat{r}_t - \bar{r}}{r_t - \bar{r}}$$

与拟合优度相对应，$1 - R^2$ 是整个回归模型中被解释变量的变异性归因于解释变量以外因素的程度。其平方根可以理解为平均的未解释因素的效应在观察期内占被解释变量偏离均值的比例关系，即：

$$\sqrt{|1 - R^2|} = \sqrt{\frac{\sum \hat{\varepsilon}_t^2}{\sum(r_t - \bar{r})^2}} = \frac{\overline{|\hat{\varepsilon}_t|}}{\overline{|r_t - \bar{r}|}} = \frac{\sum|\hat{\varepsilon}_t|}{\sum|r_t - \bar{r}|}$$

在本书的研究中，用其针对某一具体样本的数值来反映虚假陈述类效应的相对比例关系。可以称为单样本的拟合误差比，即：

$$DELTA_{(t)} = \frac{\hat{\varepsilon}_t}{r_t - \bar{r}}$$

本书在后面的机理分析中以运用系统性风险效应比 $RHO_{(t)}$ 和虚假陈述类特质效应比 $PHI_{(t)}$ 两个指标为主，同时将统计指标单样本的拟合比 $RSR_{(t)}$ 和拟合误差比 $DELTA_{(t)}$ 作为研究参照。

（二）虚假陈述类特质效应与系统性风险效应的机理分析

本书对虚假陈述类特质效应和系统性风险效应的机理关系分析以 A 公司为研究对象，A 公司因为其前身的虚假陈述而成为受到法院审理的“前人欠账后人还”的典型案例。A 公司因虚假陈述在 2008 年被证监会查处，当时是一家以电子产品销售为主营业务的电子通信类上市公司。根据杜莹芬、张文珂（2013）的分析，A 公司与沪深 300 指数的走势在 2008 年 2 月 15 日至 6 月 23 日有持续下跌的明显共同形态。在此金融危机集中爆发期间，可以观察到市场综合指数持续下跌及其对个股价格的连续影响效应，前文的分析可以确认 A 公司在此期间的下跌趋势与系统性风险的关系，揭示其中受沪深 300 指数的影响到底有多大，以及这种影响有没有随时间变化等。更为重要的是，按照《最高人民法院关于审理证券市场因虚假陈述引发的民事赔偿案件的若干规定》(2003）的要求，虚假陈述揭露日（2008 年 5 月 21 日）以前卖出的证券不属于赔偿范围；在基准日（2008 年 7 月 1 日）以后卖出的，其卖出基准价以揭露日与基准日之间的收盘价均价计算。由于损失与投资交易的实际买卖日期紧密相连，虚假陈述类特质效应和系统性风险效应在这一期间的变化对于合理确定投资者的受偿金额而言尤为重要。因此，对于 2008 年 2 月 15 日至 6 月 23 日这一敏感期间有必要通过状态空间时变参数模型进一步分析系统性风险影响的变异性。

本书以 A 公司和沪深 300 指数每日的开盘价、收盘价、最高价、最低价四种价格点位的平均数作为研究对象，将 A 公司停牌时的股价参照 Wind 资讯的做法设为停牌前的收盘价格，最后得到日均价的对数收益率样本数量为 88 对。相对于传统的以收盘价或两种价格的均价为研究对象，采用四种价格的平均数更能全面地反映股价在该单位交易日内的价格水平。采用

四种价格的平均数更能反映投资者交易的真实情况，更有利于将研究专注于价格背后潜在的机理分析，不易受单一价格形式变动的影响。另外，本书所采用的对数收益率是一种连续复合收益率，通过对前后两个交易日个股股价或指数点位的对数之差计算得到；采用四种价格的均价在对数收益率的取值区间基础上可以进一步扩大取值区间，远超过将收益率取值区间限制在-0.1~0.1 的普通收益率。如 A 公司的日均价格的对数收益率（见表 5-1）的取值区间扩大到了-0.1307~0.0945。充分释放的取值区间可以更好地反映两个交易日价格变动的实际情况。相关数据的描述性统计分析结果如表 5-1 所示。

表 5-1　日均价格与连续复合收益率的描述性统计分析

指标				
	A 公司日均价	沪深 300 指数日点位	A 公司对数收益率	沪深 300 对数收益率
最小值	3.8650	2801.3027	-0.1307	-0.0679
第一分位数	7.3431	3585.9634	-0.0408	-0.0240
均值	9.0549	3863.6429	-0.0124	-0.0063
中位数	8.5538	3812.9156	-0.0017	-0.0090
第三分位数	11.4944	4032.2748	0.0184	0.0065
最大值	13.9425	4976.3540	0.0945	0.1073
标准差	2.6763	531.3064	0.0478	0.0255

如本章第一部分所述，研究系统性风险变异性的模型有很多种，但近年来越来越多的学者推崇于采用状态空间卡尔曼滤波的方法。其中，Faff 等（2000）通过对比分析认为，传统的市场模型和基于卡尔曼滤波算法的时变参数模型的结果优于更复杂的 GARCH 类模型、Schwert 和 Seguin（1990）扩展的市场模型。本书首先构建固定斜率的时间序列 OLS 市场模

型，包括固定截矩、无截矩的情况[①]。进一步在构建状态空间时变参数模型时，在已验证模型残差结果的平稳性和 β 系数变异性不大的情况下，本书忽略了可能存在的异方差性问题，直接采用了随机游走的卡尔曼滤波 β 系数表述形式。表 5-2 列示了研究过程为递进关系的三种模型结果。

表 5-2　时间序列 OLS 市场模型和状态空间时变参数模型结果

	固定截矩、固定斜率 $r_t = \alpha + \beta r_{M,t} + \varepsilon_t$	无截矩、固定斜率 $r_t = \beta r_{M,t} + \varepsilon_t$	无截矩、变斜率的状态空间表述 $r_t = \beta_t r_{M,t} + \varepsilon_t$，$\beta_{t+1} = \beta_t + \eta_t$
α	-0.0041（p 值 0.2770）		
β_{min}			1.2462
β_{mean}	1.3125（p 值 0.0000）	1.3506（p 值 0.0000）	1.3794
β_{max}			1.5996
σ_{η_t}			0.0646（t 值 0.6150）
σ_{ε_t}	0.0343	0.0344	0.0340（t 值 12.3700）

① 研究过程中，本书同时对 A 公司和沪深 300 指数的对数收益率序列进行了 ADF 检验和 PP 检验。由于篇幅原因和侧重点不同，本书不在这里详细列示。ADF 检验结果表明可能存在一阶单整的问题，而 PP 检验相反则表明收益率序列是平稳的。进一步对其一阶差分进行单位根检验，两种检验方法都说明一阶差分序列是平稳的，不能排除 A 公司和沪深 300 指数的对数收益率序列都是潜在的序列。本书对时间序列 OLS 回归之后的残差序列进行了 ADF 检验和平稳性分析，表明两者之间可能存在协整关系。若改变研究区间或将时间序列的时间段拉长，也会发现类似满足固定参数模型研究要求的协整关系。

续表

	固定截矩、固定斜率 $r_t = \alpha + \beta r_{M,t} + \varepsilon_t$	无截矩、固定斜率 $r_t = \beta r_{M,t} + \varepsilon_t$	无截矩、变斜率的状态空间表述 $r_t = \beta_t r_{M,t} + \varepsilon_t$，$\beta_{t+1} = \beta_t + \eta_t$
ε_t 的 ADF 检验	-6.6100（p 值 0.0000）	-6.5340（p 值 0.0000）	-6.6510（p 值 0.0000）
ε_t 的 PP 检验	-6.5200（p 值 0.0000）	-6.4180（p 值 0.0000）	-6.5390（p 值 0.0000）
ε_t 的 KPSS 检验	0.3710	0.3682	0.3076
ε_t 的正态性检验 Jarque-Bera	0.2860（p 值 0.8668）	0.2632（p 值 0.8767）	0.5810（p 值 0.7479）
ε_t 的正态性检验 Shapiro-Wilks			0.9886（p 值 0.9297）
ε_t 的自相关检验 Ljung-Box	24.8738（p 值 0.1647）	25.1385（p 值 0.1560）	14.3313（p 值 0.1584）
R^2	0.4896	0.4860	0.5154
F 统计量	82.51（p 值 0.0000）	92.55（p 值 0.0000）	

从表 5-2 的结果可以看出，常数项在固定截矩、固定斜率的市场模型中并不显著，表明固定投资收益效应即无风险收益率没有成为投资者收益或损失的重要组成部分，这与杜莹芬和张文珂（2013）的研究结果相一致。在剔除了常数项之后，发现无截矩、固定斜率的市场模型的各种结果和系数同没有剔除前基本保持一致，表明了前述观点的正确性，即在本书中不需要考虑固定投资收益效应。这一结果也说明投资者购买虚假陈述类上市公司即 A 公司的股票并没有获得应有的无风险收益，即应具有的按同

期活期存款利率计算的资金利息或与国库券收益水平相当的投资收益。作为投资者潜在损失的资金利息是虚假陈述的间接效应，该结果也支持了规定中要求赔偿资金利息的明确要求。由于固定截矩、变斜率的状态空间模型在计量经济学上没有研究价值，而且通过分析发现，变截矩、变斜率的状态空间模型的回归结果与单一状态下的变系数模型的数据结果和状态参数图形几乎一致，因此不需要考虑固定截矩、变斜率的情况。本书直接采用了无截矩、变斜率的状态空间模型来描述系统性风险效应、虚假陈述类特质效应和投资收益率之间的关系。

从表 5-2 中无截矩、变斜率的状态空间模型结果来看，时变 β 系数的均值、拟合优度 R^2 相对于固定斜率的两个模型都有所增大，表明时变参数的状态空间模型能够更好地刻画和捕捉系统性风险效应。而且，ε_t 的正态性检验如 Jarque-Bera 检验、Shapiro-Wilks 检验、Ljung-Box 自相关检验均符合状态空间时变参数模型的要求。固定斜率的相关统计量也有相一致的检验结果 ε_t 的 ADF 检验、PP 检验和 KPSS 检验结果表明残差的一系列平稳型检验指标均符合要求，表明了上述模型的正确性。需要指出的是，状态变量的残差标准差 σ_{η_t} 的 t 值较小，表明时变 β 系数的变异性不显著，所以状态空间表述形式并不否认固定斜率市场模型的适用性。也就是说，固定斜率市场模型足以描述市场指数收益率与 A 公司投资收益率之间的关系。由于投资者的股票交易结果对买卖时点的选择和市场指数的变动具有敏感性，即使时变 β 系数只是在 1.2462~1.5996 这一较窄范围内变动，投资收益率仍会产生较大的差异性，因此采用状态空间时变参数模型就显得尤为必要。这也符合 Fabozzi 和 Francis（1978）的结论和观点，即当市场模型中的回归 β 系数在一段时间内为不变量时，实际上真实的 β 系数是随机变动的。

无截矩、变斜率状态空间模型的对数收益率、预期收益率和时变 β 系数之间的对比如图 5-1 所示。从对数收益率和预期收益率的图形关系来看，时变 β 系数下的预期收益即系统性风险效应能够很好地模拟和预测 A

公司的股票收益率水平和涨跌起伏。β 系数的变化区间为 1. 2462～1. 5996，虽然变异程度不大，但是 0. 35 个点位的差异意味着市场投资组合 1/3 的收益差，对投资者而言是相当大的利益所在。图 5-1 表明，时变 β 系数随着时间的推移越到后期上升趋势越明显，股价变化受市场指数带动的关系程度在加大。此时，市场指数对股价的影响关系相对于前期更加紧密，也意味着系统性风险效应结构关系的变化。这只是在有限范围内的变化，没有改变残差正态的数据结构。对于索赔的投资者而言，卖出价格或卖出基准价均位于此交易区间，β 系数增大对于收益损失的重要性不亚于市场指数波动性的增大。可能的原因是，β 系数因为受到了世界金融危机的影响而改变，上市公司 β 系数的增大也可能是市场指数波动性增大的前奏。Koutmos 等（1994）和 McKenzie 等（2000）都认为，单个市场组合的 β 系数相对世界市场的价值加权指数而言也是时变的，而市场组合 β 系数是上市公司 β 系数的加权和，因此，可以推断出上市公司 β 系数相对世界市场的价值加权指数而言也是时变的。

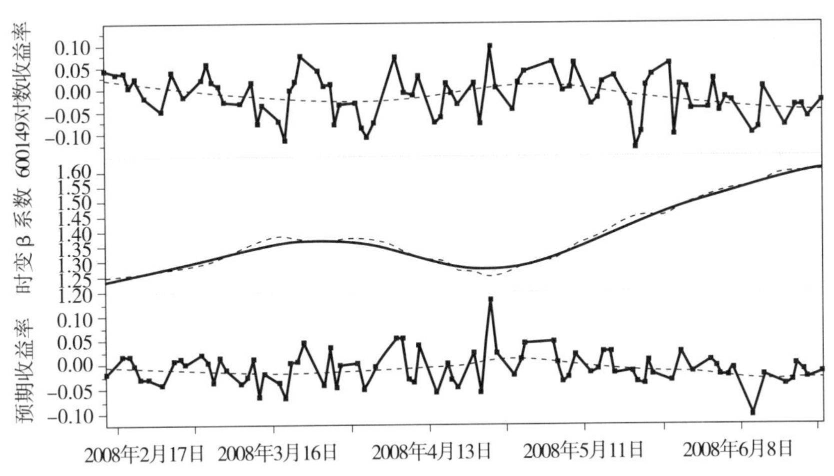

图 5-1　无截矩、变斜率状态空间时变参数模型结果

注：上曲线为 A 公司的连续型对数收益率，中间曲线为卡尔曼滤波状态平滑估计的时变 β 系数，下曲线为通过时变参数模型估计出的预期收益率。

A 公司具体的系统性风险效应和虚假陈述效应的描述性统计分析结果如表 5-3 所示。仅从表 5-3 中的均值结果看，在平均-1.24%的投资收益损失率之中，系统性风险产生了平均 49.58%的正收益效应，而虚假陈述效应平均产生了 1.4958 倍的投资损失效应。但从中位数看，系统性风险效应与虚假陈述效应在投资收益损失中的比例关系是约各占一半，分别为 50.95%和 49.05%的损失效应比重。而且，从图 5-2 中可以明显地观察到这一问题，少数一两个效应比值明显地超出正常值几倍甚至几十倍，严重地影响到了虚假陈述类特质效应和系统性风险效应的平均值。这其中的原因是，部分交易日出现了比较大的系统性风险效应。因此，采用更为灵敏的时变 β 系数状态空间模型来分析系统性风险效应与虚假陈述效应是合适而且必要的，并且在具体的投资赔偿测算中，应当对应到每笔交易的实际交易区间。

表 5-3　时变参数模型拟合比指标与效应比指标的描述性统计分析

指标	拟合指标		效应指标	
	拟合比 $RSR_{(t)}$	拟合误差比 $DELTA_{(t)}$	系统性风险效应比 $RHO_{(t)}$	虚假陈述类效应比 $PHI_{(t)}$
最小值	-7.4783	-1.2744	-114.0864	-31.9720
第一分位数	-0.1280	0.1196	0.0781	-0.0756
均值	0.2461	0.7539	-0.4958	1.4958
中位数	0.4128	0.5872	0.5095	0.4905
第三分位数	0.8804	1.1280	1.0756	0.9219
最大值	2.2744	8.4783	32.9720	115.0864
标准差	1.3208	1.3208	12.8694	12.8694

如图 5-2 所示，拟合比指标 $RSR_{(t)}$ 和拟合误差比指标 $DELTA_{(t)}$ 具有互补性，系统性风险效应比指标 $RHO_{(t)}$ 和虚假陈述类效应比指标 $PHI_{(t)}$ 具有

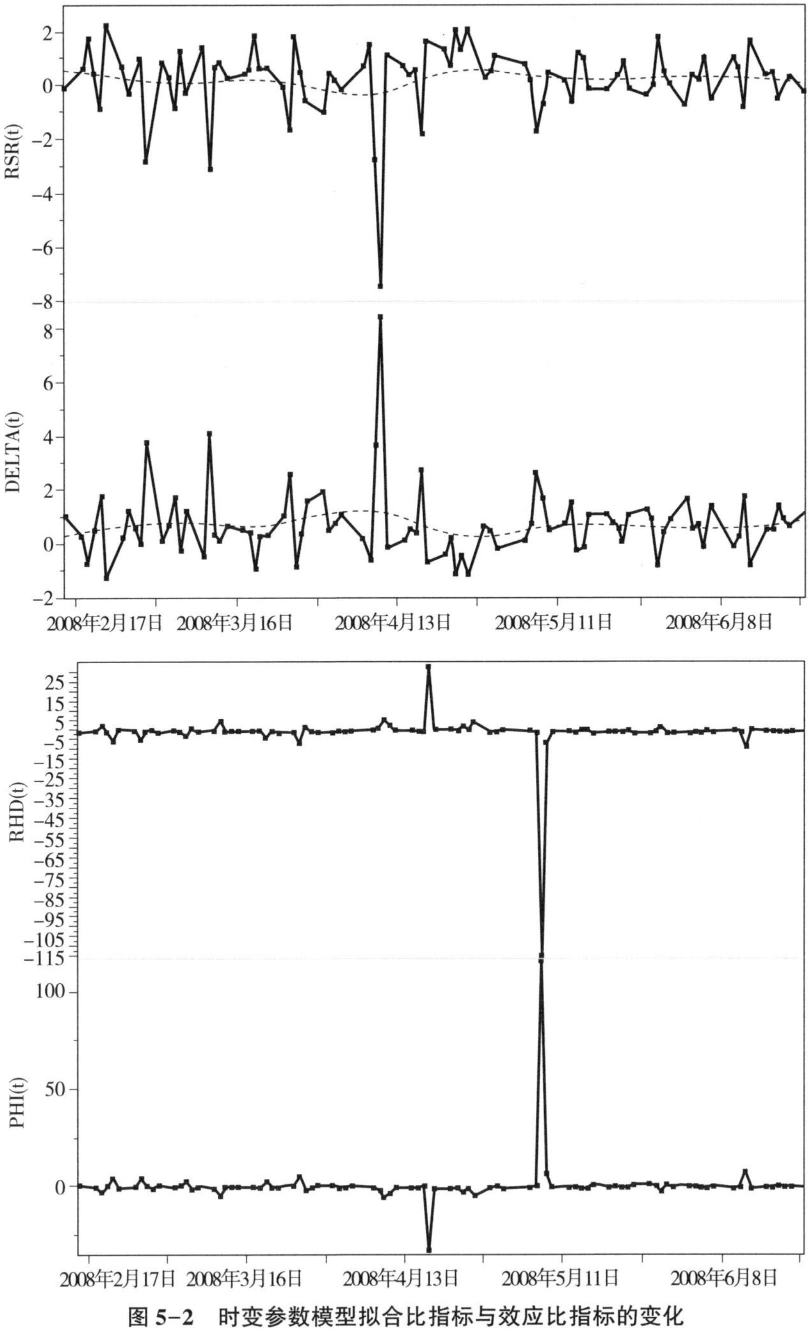

图 5-2 时变参数模型拟合比指标与效应比指标的变化

互补性。当一种指标达到峰顶时，对应的指标即达到谷底。这一现象与表 5-3 的数据结果相一致，当拟合比指标 $RSR_{(t)}$ 达到最小值-7.4783 时，拟合误差比指标 $DELTA_{(t)}$ 达到最大值 8.4783；当拟合比指标 $RSR_{(t)}$ 达到最大值 2.2744 时，拟合误差比指标 $DELTA_{(t)}$ 达到最小值-1.2744；当系统性风险效应比指标 $RHO_{(t)}$ 达到最小值-114.0864 时，虚假陈述类效应比指标 $PHI_{(t)}$ 达到最大值 115.0864；当系统性风险效应比 $RHO_{(t)}$ 达到最大值时 32.9720 时，虚假陈述类效应比指标 $PHI_{(t)}$ 达到最小值-31.9720，等等。由表 5-3 的数据结果和图 5-2 中的图形可以看出它们两两之和为 1，同时在图形上具有一定的对称性，显示了它们互补构成投资收益或损失的机理关系，该结果关系对虚假陈述的索赔与司法审判具有定性和定量的参考作用。由于指标 $RSR_{(t)}$ 和指标 $DELTA_{(t)}$ 强调的是均值偏离的对比关系，因此产生了与指标 $RHO_{(t)}$ 和指标 $PHI_{(t)}$ 不一致的数据结果和图形。指标 $RHO_{(t)}$ 和指标 $PHI_{(t)}$ 的实际表达式和含意更贴近于本书的研究对象，即分析系统性风险和虚假陈述在投资收益或损失中的作用及其关系，采用 $RHO_{(t)}$ 和 $PHI_{(t)}$ 两个指标将会得到更为准确的结果。

图 5-3 为本书分析系统性风险效应关系的三维立体图。①左上图为沪深 300 指数的对数收益率、时变 β 系数和指标 $RHO_{(t)}$ 的三维关系图。该图表明，指标 $RHO_{(t)}$ 绝对值的大小更依赖于沪深 300 指数本身收益率绝对值的大小。当时变 β 系数在 1.3 左右，此时 $RHO_{(t)}$ 的绝对值会达到最大。这一结果与 Evans（1994）的结论相一致，即虽然同为系统性风险效应的一部分，但 β 系数对于收益率变异性的贡献相对于直接的指数或风险溢价因素较小。②右上图为投资收益率、时变 β 系数和虚假陈述引致的收益率（或损失率）的立体关系图。该图表明，当系统性风险 β 系数和虚假陈述引致的收益率（或损失率）在各自的取值区间达到极值时，投资收益率会分别出现极值点。投资收益率的正负极值不是由单一因素造成的，而是通过系统性风险 β 系数和虚假陈述类特质效应的共同作用才最终形成了极大或极小的投资收益或损失。③左下图为投资收益率、预期收益率和指标

$RHO_{(t)}$ 的三维立体图。图 5-3 表明，当投资收益率的绝对值较小、系统性风险引致的损失率较大时，指标 $RHO_{(t)}$ 的绝对值相应较大。另外，反映投资收益率、预期收益率和指标 $PHI_{(t)}$ 之间关系的三维立体图（本书略去）在空间上与该图是对称的，从空间关系上说明虚假陈述类特质效应与系统性风险效应存在互补的相互关系。④右下图为 A 公司的投资收益率、虚假陈述等因素引致的收益或损失和指标 $PHI_{(t)}$ 三者之间关系的三维立体图。图 5-3 表明，当投资收益率的绝对值较小、虚假陈述因素存在正效应时，

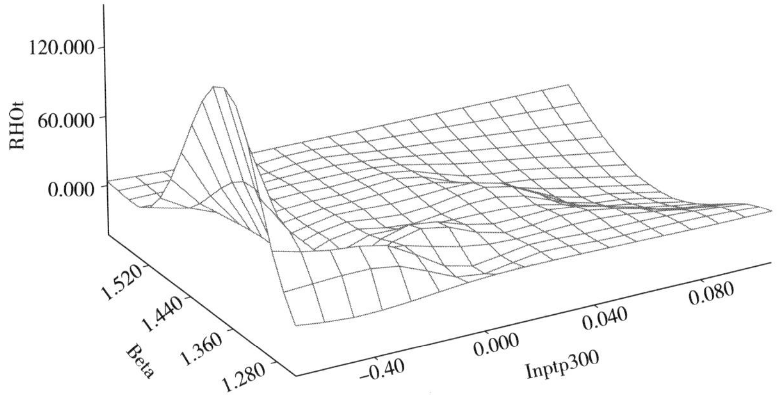

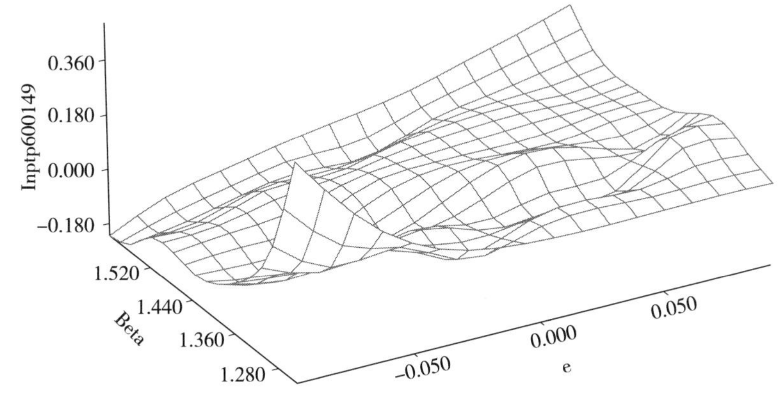

图 5-3　系统性风险效应关系的三维立体图

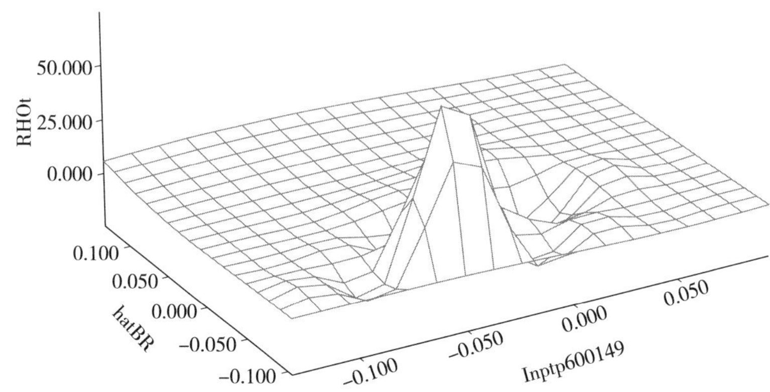

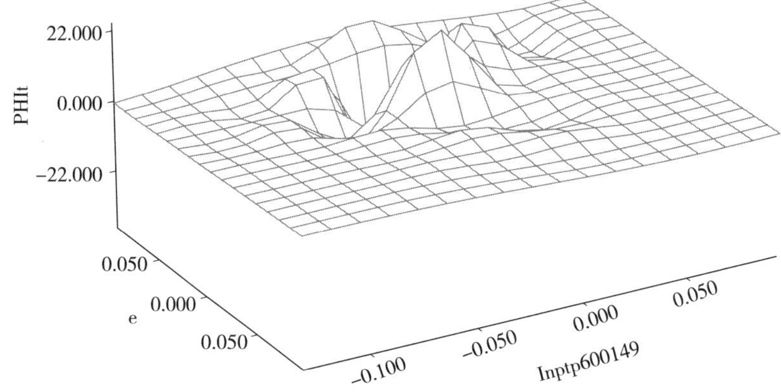

图 5-3　系统性风险效应关系的三维立体图（续）

指标 $PHI_{(t)}$ 的绝对值较大。

从上述分析中可以看出，系统性风险效应和虚假陈述类特质效应等与投资者损失（或收益）之间存在客观的机理关系。这有助于理解虚假陈述背景下投资者损失（或收益）的动态形成机制，有助于投资者、法院和上市公司等辨明损失构成成分的联系与作用规则，有助于司法问题的解决。

三、机理关系在虚假陈述赔偿实践中的运用

对于虚假陈述损失赔偿金额的计算在中国还没有形成一套完整有效的测算方法，不仅阻滞了虚假陈述案件审判的顺利进行，而且还增加了投资者合理求偿的难度。参照杜莹芬和张文珂（2013）所采用的方法，本书基于对系统性风险效应和虚假陈述类特质效应之间客观机理关系的充分把握，考虑在状态空间时变参数和连续复合收益率下更为合理的计算方法。

（一）系统性风险效应扣除法

系统性风险效应扣除法的基本思想是按照投资者的具体交易情况将风险和收益进行匹配计算，在投资收益和损失中扣除实际的系统性风险效应。系统性风险效应扣除法本质上也是计算虚假陈述类特质效应、固定投资收益效应等投资者在法理上的受偿金额。当不存在固定投资收益效应和其他影响因素的情况下，直接从事件研究法的角度计算虚假陈述类特质效应的计算结果与系统性风险效应扣除法的计算结果应相一致。因此，该计算方法可以看作类似于事件研究方法和 Jensen-α 方法的一种演化形式。但当存在其他影响投资者损失的因素如固定投资收益效应的情况下，从系统性风险效应扣除的角度计算虚假陈述背景下的投资者受偿额更符合中国现行法规的赔偿思想。

设个股投资在 i 时点至 j 时点区间的普通损失率为 $LR_{s,\ i,\ j}$（>0），对数收益率为 $r_{s,\ i,\ j}$，则：

$$LR_{s,\ i,\ j} = 1 - \frac{P_{sell,\ j}}{P_{buy,\ i}} = 1 - e^{r_{s,\ i,\ j}}$$

购买 1 股的投资差额账面损失为：

$$P_{buy,\ i} - P_{sell,\ j} = P_{buy,\ i}(1 - e^{r_{s,\ i,\ j}}) = P_{buy,\ i}(1 - e^{\sum_{t=i+1}^{j} r_{s,\ t}})$$

$t-1$ 至 t 期间内扣除系统性风险效应的虚假陈述损失率为：$r_{s,\ t}[1 - RHO_{(t)}]$

买卖期间即 i～j 期间内扣除系统性风险效应的虚假陈述损失率为：$\sum_{t=i+1}^{j} r_{s,t}[1-RHO_{(t)}]$ ①，则：

$$\sum_{t=i+1}^{j} r_{s,t}[1-RHO_{(t)}] = r_{s,i,j} + \sum_{t=i+1}^{j} \mathrm{Ln}\left(\frac{I_{sell,t}}{I_{buy,t-1}}\right)^{-\hat{\beta}_t} = \sum_{t=i+1}^{j} \mathrm{Ln}\,\frac{P_{sell,t}}{P_{buy,t-1}}\left(\frac{I_{sell,t}}{I_{buy,t-1}}\right)^{-\hat{\beta}_t}$$

买卖期间内每股的虚假陈述损失额为：

$$loss_{i,j} = P_{buy,i}(1-e^{\sum_{t=i+1}^{j} r_{s,t}[1-RHO_{(t)}]}) = P_{buy,i} - P_{sell,j}\,e^{-\sum_{t=i+1}^{j} r_{s,t}RHO_{(t)}}$$

投资者的虚假陈述理论赔偿额为：

$$Loss = \sum_{i=1}^{N}[P_{buy,i} - P_{sell,j}\,e^{-\sum_{t=i+1}^{j} r_{s,t}RHO_{(t)}}] = \sum_{i=1}^{N}\left[[P_{buy,i} - P_{sell,j}\prod_{t=i+1}^{j}\left(\frac{I_{sell,t}}{I_{buy,t-1}}\right)^{-\hat{\beta}_t}\right]$$

最终结果实际上是对投资者损失综合考虑扣除系统性风险因素后的净损失，该计算方法既考虑了系统性风险的损失效应，也考虑了系统性风险可能带来的收益效应。需要说明的是，由于系统风险与投资损失之间是一种因果影响关系，若在某个时间区间内出现了市场收益率大于个股收益率、指数涨幅大于个股涨幅的情况，表明个股没有涨到本应该涨到的价格水平。在账面上虽然没有显示亏损，但实际上是存在隐蔽损失的，该方法在计算虚假陈述损失赔偿金额时充分考虑了这种因素。该计算方法响应了部分投资者的合理诉求，即当股指上涨而个股没涨时也应得到补偿，这种诉求是存在一定理论基础的。由系统性风险效应与虚假陈述类特质效应具有对称互补关系可知，此时是因为存在过强的虚假陈述类特质效应或产生

① 在固定投资收益效应不显著的情况下，累计虚假陈述损失率 $\sum_{t=i+1}^{j} r_{s,t}[1-RHO_{(t)}]$ 等价于累计超额损失率。

了过多的非系统性风险损失所造成的结果。

（二）连续复合收益率下的相关系数法

相关系数法的基本思想是等比例的扣除系统性风险效应。虽然对其应用需要满足一定的前提条件，但其在计算方法上的直观性和简单性是其他方法无法比拟的。

购买 1 股的投资差额损失为：

$$P_{buy,\ i} - P_{sell,\ j} = P_{buy,\ i}(1 - e^{r_{s,\ i,\ j}})$$

而虚假陈述损失率可以表示为：

$$r_{s,\ i,\ j}(1 - \rho_c)$$

买卖期间内每股的虚假陈述损失额为：

$$loss_{i,\ j} = P_{buy,\ i}[1 - e^{r_{s,\ i,\ j}(1-\rho_c)}] = P_{buy,\ i}\left[1 - \left(\frac{P_{sell,\ j}}{P_{buy,\ i}}\right)^{(1-\rho_c)}\right] = P_{buy,\ i} - P_{sell,\ j}\left(\frac{P_{sell,\ j}}{P_{buy,\ i}}\right)^{-\rho_c}$$

投资者的虚假陈述理论赔偿额为：

$$Loss = \sum_{i=1}^{N}\left[P_{buy,\ i} - P_{sell,\ j}\left(\frac{P_{sell,\ j}}{P_{buy,\ i}}\right)^{-\rho_c}\right]$$

相关系数法与系统性风险效应扣除法在计算结果上存在殊途同归的效果。相关系数法成立的条件可以总结为两点：一个是要求β系数是存在的，也即系统性风险效应是存在的；另一个是要求系统性风险效应绝对值的平均数要大于系统性风险效应平均数的绝对值，或者要求收益率序列是平稳的。β系数的存在性实际上表明了系统性风险效应与投资者的收益或损失之间是一种因果关系，而且这种关系在相关系数法下也是一种稳定的影响关系。虽然相关系数在表面计算式上是均值化的系统性风险损失比，但实际上计算的是系统性风险效应比。因此，该计算方法与系统性风险效应扣除法在理论上是等价的。本书尝试计算投资者的理论赔偿金额，假设某投资者符合索赔条件的交易情况[①]如表 5-4 所示。

表 5-4　某投资者符合条件的索赔交易情况

交易时间	买入股数	买入均价	卖出股数	卖出均价	对应指数
2008-02-15	1000	12. 01			4811. 865
2008-02-18	2000	12. 47			4894. 099
2008-03-06	2000	13. 94			4667. 326
2008-04-15	1000	7. 51			3524. 369
2008-05-23			1000	7. 56	3685. 777
2008-06-11			3000	5. 28	3143. 864
2008-06-23			2000	3. 87	2801. 303

为了得到更为精确的计算结果，需要对表 5-4 中的买入、卖出交易数据按照会计上的先进先出法进行匹配。基于状态空间时变参数模型，对该投资者的相关证券交易运用系统性风险效应扣除法，最后计算得到的虚假陈述损失额为 17870 元。另外，在 2008 年 2 月 15 日至 6 月 23 日该投资者的实际持有期间内，基于具体收益率数据计算的相关系数 ρ_c 为 0. 7056[②]，则在连续复合收益率下按照相关系数法计算的投资者损失额为 16280 元。两者之间的差额体现的是采用时变参数计算带来的精度提升。系统性风险效应扣除法基于时变参数的计算结果相比相关系数法更加科学有效，容易为投资者所接受。需要说明的是，系统性风险效应扣除法在实际运用中，尤其是当股指存在上涨行情时可能会出现让一般投资者难以理解的计算结果。对于某些投资者的交易按照系统性风险效应扣除法计算得到的结果甚至可能出现大于其账面损

① 根据规定，虚假陈述揭露日即 2008 年 5 月 20 日以前完结的交易不在赔偿范围之内。

② 该相关系数是按照 $\hat{\beta}$= 1. 3506，将计算期内综合指数收益率和个股收益率代入 $\rho_c = \hat{\beta}\frac{|r_{M_t}|}{|r_t|}$ 计算得出的结果。若按照杜莹芬和张文珂（2013）的计算方法，由 $\rho_c^2 = R^2 = 0.4860$ 得 $\rho_0 = 0.6870$，最后计算得出投资者的损失额为 16690 元。

失额的情况，这是由于受到了系统性风险收益效应的影响。在扣除了净系统性风险损失后，还原了虚假陈述给投资者带来的损失额。还要指出的是，基于时变参数的系统性风险效应扣除法在计算过程上相对烦琐，没有杜莹芬、张文珂（2013）的计算方法直观、简单，但该方法具有了更高的精确性和更好的适用性。同时，时变参数的估计方法还可以根据具体案例中投资者所交易证券的实际波动情况进行调整，通过多种途径对计算方法进行扩展，这超出了本书的研究范畴，有待于进一步地研究。

四、结论与思考

系统性风险犹如资本市场内的细菌一样，无时无处不在造就投资者的损失或收益，只不过人们很难通过肉眼区分出系统性风险影响的大小。如果可以将系统性风险比作细菌的话，那么虚假陈述一定是资本市场内的真菌，为广大投资者和证券监管部门所痛心疾首。对于系统性风险效应和虚假陈述赔偿金额的计算和度量一直是学术界研究的重要难题，长期以来没有取得一致的结论（易可君、陈信良，2012；王丹，2003）。而关于虚假陈述产生的收益或损失效应更是只停留在概念思考之中。本章分析了系统性风险效应和虚假陈述类特质效应的机理关系，为虚假陈述民事赔偿金额的测算提供了深层次的理论方法。本书的如下思想观点有待于证券监管部门、广大投资者、法律部门和学者的进一步认可和推敲。

首先，通过对相关统计指标的引用和扩展，本书采用了一些直接反映系统性风险与投资收益关系的比值指标。时变度量指标能够与不同交易时点上投资者所产生的不同交易结果相匹配，基于此所构建的计算方法更有利于准确计算出虚假陈述案件中投资者的理论赔偿金额。在较短时期内（如具体到某一交易日）时变β系数的应用下，对于系统性风险的影响效果可以采用系统性风险效应比$RHO_{(t)}$来衡量，而虚假陈述类效应比$PHI_{(t)}$是对应的互补指标，在其他影响因素不显著的情况下二者之和始终为1。与时变β系数相对应的是，系统性风险效应比 $RHO_{(t)}$ 与虚假陈述类效应比 $PHI_{(t)}$ 也是时变的，更好地反映了资本市场中投资者的收益和损失所具有的时变性。

其次，更短期间的时变 β 系数能够灵敏地捕捉到系统性风险的影响，反映系统性风险效应的变化机制。由于投资者的索赔交易需要具体到以日计的某一具体时间段，而且每一天证券市场的交易环境都可能出现不一样的变化。即使 β 系数在短期内的变异性并不显著，也应当考虑在不同时间段上经过细微差别的 β 系数放大后，系统性风险可能会产生完全不同的效果。尤其对于那些索赔期间较短、投资交易集中的投资者而言，应考虑其承担的系统性风险效应、虚假陈述类特质效应与其他投资者可能存在显著的不同。若将他们承担的系统性风险效应一概而论，会损害不同类型投资者的利益。

最后，相对于一些虚假陈述案例既有的审判结果而言，本书也给出了完全不同的观点。在很多的虚假陈述赔偿案件中，审判结果往往是要么忽视了系统性风险效应的存在，要么忽视了虚假陈述效应的存在。而对于投资者的损失而言，很多判例要么是全额赔偿，要么是完全不赔偿。过于强调投资损失完全是系统性风险导致的则伤害了无辜受损的投资者；反之，不考虑系统性风险的影响对上市公司而言缺乏基本的公平性。研究结果表明，即使在金融危机集中爆发期间，或者在市场综合指数与个股股价同时下跌的情况下，仍然不能认为投资损失完全是由系统性风险造成的。虽然投资收益或损失的影响因素有很多，包括主观的和客观的因素，但是在虚假陈述背景下，按照中国目前的法律要求和现实的市场环境，给投资者带来收益或损失的因素可以划分为三种，即虚假陈述类特质效应、系统性风险效应和固定投资收益效应。其中固定投资收益（如无风险的存款利息等）在法律规定中已明确给予补偿，但是对另外两种因素的界定还没有明确的法律规定。系统性风险效应和虚假陈述类特质效应在具体的法院审理过程中应当避免被夸大化，因为两者之间本质上是同时存在且非互斥的。不能因为一种收益或损失效应的存在而忽略了另一种效应的存在，两者之间是不能够完全相互抹杀的。

第六章

国有企业投资管控效率与股东回报倾向

从企业产权制度视角出发，提高企业投资管控效率是产权主体的天然追求。长期来看，高的投资管控效率自然应该带来更高的投资回报。但在内部人持股不普遍的国有企业，股东回报倾向与国有企业投资管控效率之间存在什么样的关系呢？短期的股东回报提高是否意味着投资管控效率提升呢？从企业绩效角度来看，外部监管的终极目标在于提高企业投资效率。但从现实情况来看，短期的国有股回报提高，是否可以作为放松监管的依据呢？这些问题的回答，需要对国有企业投资管控效率与股东回报倾向之间的关系进行经验研究，以提高政策的有效性。

一、问题提出

企业投资效率低下是微观组织运行缺乏效率的一种具体表现，也是对社会资源的一种浪费，而这种浪费又会阻碍其他有效率的生产单位获取更多的资源并创造更多的财富。企业投资效率低下这种非效率状态，既可以通过外部市场交易这种资源配置的帕累托改进来改善，也可以通过企业管控效率的内在提升得以优化。在股权相对集中的公司制企业，内部管控效率本质上是大股东追求“自利”目标的治理结果，广大中小股东则以资本投入为成本进行有偿“搭便车”。如果企业内部管控在投资效率提升方面存在改进空间，则以较少的股权资本和管理费用投入来控制更多的投资项目并实现更多的投资现金流，就是企业控制主体企盼达到的可行目标。也就是说，在现代公司治理框架下，投资管控效率提升符合大股东理性。然而，国有企业特殊的委托—代理机制和内部治理问题，会造成事实上的大股东“非理性”。当国有企业投资管控效率较低时，无论股东回报是随之降低还是服务于“内部人”的自利目标而暂时较高，都会损害国有经济的利益和其他股东的权益。因此，通过引入多元投资主体，改善国有企业治理结构，有利于消除大股东“非理性”和提高投资管控效率。在此背景下，国有企业改革的一个重要问题是如何吸引普通投资者尤其是机构投资

者以实现产权结构的多元化，并在较高的治理水平下进一步提高投资管控效率。那么，现阶段国有控股企业的投资管控效率如何？投资管控效率的提高是否有利于改善股东回报进而吸引外部投资者？这些问题直接关系到国有企业股权多元化目标的实现。

首先，提升大股东控制下的投资管控效率能为股权投资者带来更多的回报吗？既有的研究文献显示，大股东管控与股东回报之间暗含着某种联系，不管是在公司股利的分配上，还是在股票回购和新股发行上，大股东都具有更多的自主权和自利性。Shleifer 和 Vishny（1986）使用补偿支付的思想分析和解释了大股东对企业股利政策的影响，他们认为，大股东监管企业本质上是为了维护自己的利益，企业的股利政策有利于大股东，可被看作是小股东在补贴大股东直接监管的成本；与该补偿支付思想不同的是，Espen Eckbo 和 Verma（1994）认为，直接的补偿支付是非法的，应当使用非合作博弈结构来解释大股东的相对投票权如何决定企业的年现金股利；Faccio 等（2001）基于股利分析的研究表明，委托—代理问题会产生内部控股股东对外部小股东的掠夺现象；而且，大股东的掠夺不仅仅是在不同股东之间进行利益再分配那么简单，公司内部人可以选择那些具有较低收益率或负收益率的投资项目，或向权势亲友群体控制的商业集团投资，以获得关联交易的便利。

其次，在不同股权结构下，企业基于大股东控制的投资效率如何？Cronqvist 和 Fahlenbrach（2009）的研究表明，大股东的异质性对于企业投融资政策的选择、企业绩效等都有显著和重要的经济影响；不同的大股东其投资、治理风格截然不同，大股东的监控能力和影响力越大，其对于公司政策和企业绩效的影响也越大。窦炜等（2011）研究了绝对控股情形下的大股东治理对投资效率的影响，结果发现，大股东持股比例越高时则过度投资倾向性越弱，当大股东的持股比例越低时投资不足的倾向性越弱。Burkart 等（1997）认为，分散的所有权及其导致的管理人员的主动决策既产生成本也产生收益，股权集中程度是大股东控制和经理人主动性的均衡结果；虽然较低的大股东监管成本会导致大股东降低股权集中度，即大股东持股比例也是大股东监管成本高低的一个反映。但是，Burkart 等（1997）的研究并没有明确什么样的所有权结构对企业是最有利的。因此，有必要将股权结构与投资管控的效果结合起来进一步分析，这就需要有包含了股权杠杆的投资管控效率这一概念。

二、中央国有企业的投资管控效率分析

（一）构建国有企业投资管控效率指标的必要性

中央国有企业掌握着国民经济的命脉，基本上都处于我国国有经济的基础性和支柱性产业，由于产业特性或历史原因，已经在国内形成垄断地位。然而，中央国有企业在投资方面的缺陷一直广为学者们所诟病，如中央国有企业普遍存在过度投资、投资效率低下的现象（徐玉德、周玮，2009）。为全面深化经济体制改革，提高国有经济活力、影响力和控制力，完善“公有制为主体、多种所有制经济共同发展”这一基本经济制度，形式上已经完成公司制改造的中央国有企业，自然成为混合所有制改革的重点。实现较高的投资管控效率，既可以改善企业的经济效益，也可以提高国有资本的影响力和带动力，是当前推进国有企业混合所有制改革的题中之义。在治理形态上，国有上市公司是经营权与所有权相分离的现代企业，其所有权属于全体持股股东，而企业的经营权则被大股东的代理机构所指定的代理人所控制。在存在双重代理的情况下，国有上市公司的投资目的和权益分配政策等不一定完全符合中小股东利益，甚至也不一定完全符合大股东利益。除关键领域外，国有企业股权多元化改革的目标就是要消除控股股东“虚置”对企业发展的不利影响，通过引入更多的投资者，优化治理结构，增强企业活力和市场竞争力。但是，股权多元化并不意味着要弱化国有股权对企业的投资管控；否则，就是没有经济意义的退出市

场行为，这是与国有企业改革初衷相背离的。同时，在国际市场上，这些企业大都处于高度竞争的行业，企业的持续成长必须面对激烈的国际竞争。通过股权多元化建立独立的公司化治理体系、减少行政干预，不仅是提高投资效率的必要途径，也是消除国际上对中央国有企业的制度歧视、推动其海外发展的有力举措。此外，中央国有企业多属于资本密集型产业，其发展往往离不开实体项目的投资，如自然资源的开采权、大型机械设备的投入和厂房的建设等，如果投资管控不力就会给企业和国家带来严重的经济损失。对于国有资本而言，混合所有制改革就是要通过产权多元化实现更高的投资效率，也就是要通过更少的股权资本占用和管理费用投入，得到更高的投资回报，因此，有必要全方位地构建基于国有企业股权多元化目标的投资管控效率指标。

（二）模型选取和变量界定

目前，还鲜有研究涉及国有企业的投资管控效率问题。虽然对于大股东控制下的投资管控效率的研究还是一个全新的领域，但是，国内外关于投资效率分析的理论方法能够为本书提供借鉴。与企业投资效率相关的既有研究文献主要集中于不同股权结构背景下的投资偏离问题，申慧慧等（2012）则指出，投资偏离不等同于投资无效，而且无法准确估算出实现企业财务管理目标的最优投资规模；高明华等（2010）分析了多维度的财务治理对投资效率的影响，其中财务控制和财务监督的影响比较显著；卢惟（2010）认为，公司制企业的两权分离以及由此产生的委托—代理成本问题是影响企业投资行为的原因，其研究结果表明，中央国有企业上市公司的现金流权、控制权的分离程度指标对投资行为没有产生显著的影响；冉茂盛等（2010）认为，大股东通过有效控制企业以实现利己的投资和收益，企业的投资效率是大股东控制机制的间接函数；张跃龙等（2011）认为，现金和现金等价物的持有量没有对投资效率产生影响，而企业的盈利能力是投资效率的主要决定因素；债权人在信息不对称假设下不能起到约束管理层的作用，而债务融资对投资效率反而起到了加剧过度投资的负作用。在关于投资效率的度量方法中，有学者使用了非参数估计的数据包络分析方法，如王坚强、阳建军（2010）、覃家琦等（2009）；也有学者采用参数估计的随机前沿分析模型的方法，如连玉君、苏治（2009）；还有学者在研究中同时运用了前两种方法，如冉茂盛等（2009）；还有学者提出采用全要素生产率的方法来度量投资效率，如覃家琦等（2009）。其中，数据包络分析的研究方法源于 Farrell（1957）等提出的径向效率测度的思想，后经 Charnes 等（1978）学者的发展逐步形成了测度投入—产出效率的非参数分析方法，作为运筹学最优化方法的一种，其已经基本趋于成熟可靠。近年来，数据包络分析在经济生产、会计绩效和组织管理领域的投入产出评价建模中都能够得到很好的运用。在规模报酬可变或规模报酬不变的假设前提下，经济决策单位具有差异化的资源投入和产出结果，存在相对最优化的状态组合位于有效的前沿上，通过测度各决策单位状态组合相对于有效前沿的距离而得出效率评分。在经济单位运行过程中往往出现规模报酬递增或规模报酬递减的情况，规模报酬可变的假设更符合实际。Scheel 和 Scholtes（2003）、Banker 等（1984）对规模报酬可变、投入导向型的径向模型进行了理论分析，该模型可简化为如下形式：

$$E_k^{CRS}(X^k,\ Y^k) = \min_{\lambda}\Big\{\varepsilon_k \mid \varepsilon_k X^k - \sum_j \lambda_j X_j \geqslant 0,\ \sum_j \lambda_j Y_j - Y^k \geqslant 0,$$

$$\sum_j \lambda_j = 1,\ \lambda_j \geqslant 0,\ j = 1,\ 2,\ \cdots,\ n\Big\}$$

该模型适用于分析国有企业在深化改革背景下的投资管控效率问题，可以通过效率测度系统（EMS）并运用规模报酬可变、投入导向型的径向模型计算得到效率指标值。本书衡量国有控股上市公司的投资管控效率水平时，采用了大股东股权杠杆（EL）、管理费用占比（MC）和权益比（EA）作为投入要素指标。其中，大股东股权杠杆反映的是大股东或控股

股东以多大的股权比例获得支配其他股东的权利。大股东的持股比例与大股东管控效率的投入成本直接相关。由于小股东对公司经营决策的影响受限于其参与成本过高，所以这里忽略小股东的持股份额。大股东股权杠杆越小，表明国有控股股东在对公司的股权投入较小的情况下掌握企业的经营决策权。即使考虑交叉持股的情况，如其他前10大股东的股份也来源于中央控股企业，但这不影响第一大股东调动其他企业股权的性质。管理费用占比反映的是企业管控支出占三项期间费用的比例。该比例越低，企业的直接管理控制成本相对于企业正常的生产经营所需的费用支出越低。权益比反映了股东权益调动企业资产的能力，该比值越低，股权的杠杆效应越强。徐玉德、周玮（2009）认为，中央国有企业的资本结构对投资收益有重要影响，股东权益比例高的企业投资收益较高。对于股东权益比例低的企业，若企业仍然能够获得同等的投资收益，说明企业有较高的投资管控效率。上述三个投入指标都符合本书投资管控效率投入变量的内涵。

本书构建的投资管控效率的产出要素也包括三种，分别是有形资产变动（TA）、投资现金流比（ICR）和经营现金流成长性（OCR）。每个要素指标都有直接的投资产出指示含义。其中，若有形资产变动大于1，则反映了企业实体资产的扩张；若投资现金流比大于1，则反映了企业用当期投资现金流入覆盖前期投资现金流出的能力；若经营现金流成长性大于1，则反映了经营现金流的增长速度具有加快的趋势，朝有利于企业的方向发展。上述三项产出指标从不同方面反映了企业投资实际的、直接的产出效果。该指标反映了这样一种投资管理控制目标和要求，即企业可以通过最小化股权杠杆、管理费用比和股东权益比例达到了投资管控的相对有效，获得了企业有形资产的扩张、投资现金流的增加和经营现金流的加速成长。投资管控效率（DEA3）的三项投入要素和三项产出要素的具体定义和计算方法如表6-1所示。

表 6-1　投资管控效率（DEA3）投入—产出变量定义

	变量名称	变量定义
投入变量	大股东股权杠杆（EL）	第 1 大股东持股比例÷前 10 大股东持股比例合计
	管理费用占比（MC）	管理费用÷（管理费用+销售费用+财务费用）
	权益比（EA）	所有者权益合计÷总资产＝1-资产负债率
产出变量	有形资产变动（TA）	本期的有形资产净值占总资产百分比÷上期的有形资产净值占总资产百分比＝（本期的有形资产÷总资产）÷（上期的有形资产÷总资产）
	投资现金流比（ICR）	本期投资现金流入小计÷上期投资现金流出小计
	经营现金流成长性（OCR）	exp（本期经营活动产生的现金流量净额同比增长率-上期经营活动产生的现金流量净额同比增长率）

（三）数据选取与描述性统计

本书主要以 2007 年实行《新企业会计准则》后中央国有企业所属上市公司的财务数据为分析对象，数据来源于 Wind 资讯数据库，并采用中国证监会的行业分类标准。由于部分数据是以 2007 年的数据为基期测算得到的，因此实际获得的是 2008~2012 年的面板分析数据。其中，剔除了少量数据不全的企业，最后获得了 246 家中央国有企业上市公司 5 年共 1230 个样本数据。由于不同年份的外部经济环境存在不一致的影响，投资管控效率的测度指标需要分年度分别进行计算。而且，考虑到后面需要进行的投资管控效率与股东回报的面板数据分析已经涉及了时间因素，这里分 5 个年度分别计算 5 次得到的投资管控效率指标更符合模型的设定要求。从表 6-2 中的描述性统计分析结果可以看出，电力、煤气及水的生产和供应业的 DEA3 平均值水平是最高的，其次是农、林、牧、渔业和房地产业。研究样本中，作为中央国有企业主要构成部分的 142 家制造业上市公司其投资管控效率的 5 年内平均值均低于 0.5，仅优于信息技术业、社会服务

业和采掘业。图 6-1 为投资管控效率 DEA3 5 年的核密度图。从图 6-1 和表 6-2 中可以看出，部分企业的 DEA3 评分为 1，说明存在相对有效的企业位于效率前沿上。但是，这部分相对有效的企业数量较小，大多数企业的投资管控效率水平是较低的，表明中央国有企业上市公司的投资管控效率水平还有很大的改进余地。从效率指标的测度方法来看，产生低效率管控水平的原因是多方面的。在管控方面，可能是第一大股东持股比例过高、

表 6-2　投资管控效率（DEA3）描述性统计均值分析

行业分类	样本数	2008 年	2009 年	2010 年	2011 年	2012 年
制造业	710	0. 4357 （0. 1522）	0. 4618 （0. 1603）	0. 4730 （0. 1493）	0. 4484 （0. 1232）	0. 4546 （0. 1496）
信息技术业	105	0. 3994 （0. 1111）	0. 4601 （0. 1926）	0. 4002 （0. 0804）	0. 4133 （0. 1470）	0. 4121 （0. 1379）
交通运输、仓储业	75	0. 4579 （0. 1872）	0. 5035 （0. 1930）	0. 5039 （0. 1617）	0. 4867 （0. 1362）	0. 4964 （0. 1233）
房地产业	35	0. 4724 （0. 1495）	0. 5840 （0. 2497）	0. 6016 （0. 2014）	0. 5755 （0. 1077）	0. 5914 （0. 2204）
批发和零售贸易	55	0. 4933 （0. 2592）	0. 4762 （0. 2018）	0. 5197 （0. 1611）	0. 5215 （0. 1853）	0. 4851 （0. 1572）
社会服务业	10	0. 3358 （0. 0147）	0. 3530 （0. 0400）	0. 4757 （0. 0460）	0. 4470 （0. 0514）	0. 4222 （0. 0658）
电力、煤气及水的生产和供应业	110	0. 6209 （0. 2283）	0. 6327 （0. 1952）	0. 7398 （0. 1692）	0. 7402 （0. 1872）	0. 6889 （0. 1877）
农、林、牧、渔业	15	0. 5094 （0. 1581）	0. 5408 （0. 1669）	0. 5037 （0. 1562）	0. 6777 （0. 3176）	0. 5290 （0. 1442）
采掘业	70	0. 3553 （0. 0654）	0. 3992 （0. 1087）	0. 4400 （0. 1913）	0. 3894 （0. 0927）	0. 3912 （0. 0836）
建筑业	45	0. 4194 （0. 0777）	0. 4760 （0. 1166）	0. 5843 （0. 1637）	0. 5394 （0. 1087）	0. 4880 （0. 1500）

注：括号内为标准差。

股权杠杆过大造成的，还有可能是内部管理成本较高导致的，也有可能是股东权益比重过高，中央国有企业偏好股权融资而负债不足造成的。在投资效果方面，可能的原因包括有形资产增加值不明显、投资现金流质量不高和经营现金流不具成长性。所有企业的 DEA3 评分都在 0.2 以上，绝对无效即 DEA3 为 0 的企业不存在。这种评分指标反映的是国有企业投资管控的相对效果，有助于后续分析其对股东回报的影响。

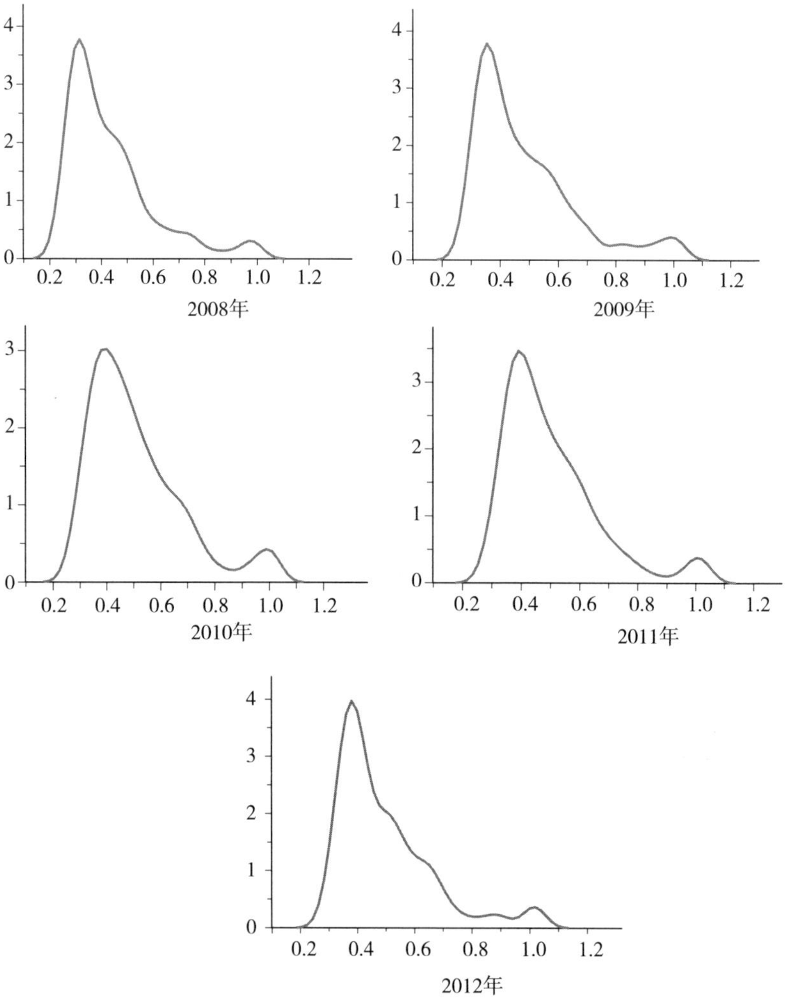

2008年

2009年

2010年

2011年

2012年

图 6-1　2008~2012 年 5 年 DEA3 值的核密度图

三、投资管控效率对股东回报的影响分析

（一）面板数据回归

股东回报被 Dechow 等（1985）定义为企业对股权资本持有者的净现金分配额，即通过股利分配额与股权回购额之和再扣除股权发行额后得到的结果。最早在 Miller 和 Rock（1985）的研究中将股东回报称为净股利，其值的大小不仅反映了企业与股东之间的股利分配关系，也反映了企业与股东之间再融资的资金关系。可以采用 Dechow 等（1985）在实证分析中的指标度量方法，以净利润与总权益变动额之差与平均总资产之比表示股东回报（DISTEQ）指标。中央国有企业上市公司比地方国有企业较规范，其权益资本变动如股票回购、新股发行以及利润分配等相关财务活动所形成的股东回报数据更具有研究价值。针对中央国有企业上市公司的股东回报数据，通过面板数据模型的构建、控制变量的大量测试和统计检验，使用 Stata 和 R 语言分析多种形式的关于股东回报和投资管控效率的面板数据模型，包括固定效应和随机效应模型。在考虑模型的拟合度、精简和排除没有解释力度的变量后，个体和时间固定效应的八项自变量面板数据模型所涉及的回归元最全面，可以表示为：

$$DISTEQ_{it} = \beta_0 + \beta_{DEA3}DEA3_{it} + \beta_{M/B}M/B_{it} + \beta_{LEV}LEV_{it} + \beta_{\Delta CASH}\Delta CASH_{it} + \beta_{TC}TC_{it} + \beta_{SIZE}SIZE_{it} + \beta_{SG}SG_{it} + \beta_{SALES}SALES_{it} + \sum_{i=2}^{n}\alpha_i COM_i + \sum_{t=2}^{T}\alpha_t YEAR_t + \varepsilon_{it}$$

其中，COM_i 为国有企业上市公司哑变量，$YEAR_t$ 为年度哑变量，

$DEA3_{it}$为投资管控效率自变量。上述模型中，市值账面比（M/B）也被称为 Tobin's Q，被用于企业价值和股利分配的相关研究（Lang 和 Litzenberger，1989）。市值账面比反映了企业的未来投资机会和融资环境，同时是融资决策如股权发行的重要影响因素；市场价值的相对高估反映了市场对企业未来高权益回报的认同，此时，企业发行新股的融资环境较为宽松（Hovakimian，2009；Graham 和 C. R. Harvey，2001；Baker 和 J. Wurgl，2002）。本书采用上期研发费用与无形资产净额之和表示企业本期可用于生产的技术存量，同时考虑去除不同行业中规模因素对技术的影响，即将技术存量与行业平均营业总收入之比作为企业的技术竞争力指标（TC）。另外，控制变量财务杠杆以资产负债率来衡量，现金变动以现金和现金等价物的变动额除以平均总资产来衡量，企业规模以总资产的自然对数来衡量，收入水平以营业总收入的自然对数来衡量，收入成长性以营业总收入的同比增长率来衡量。本书的投资管控效率既可以使用 DEA3 指标也可以使用其替代指标 DEA2。两种度量指标的区别在于 DEA3 指标考虑的因素更为全面，而 DEA2 指标更为简单直接。具体的指标定义如表 6-3 所示，面板数据的描述性统计分析结果如表 6-4 所示。

表 6-3 面板数据分析主要变量定义

变量名称	变量定义
股东回报（*DISTEQ*）	(股利分配+股票回购-股权发行)÷平均总资产=2×[净利润-(总资产变动额-总负债变动额)]÷(上期总资产+本期总资产)
投资管控效率（*DEA3*）	以表 6-1 中大股东股权杠杆（EL）、管理费用占比（MC）、权益比（EA）三项为投入变量，以有形资产变动（TA）、投资现金流比（ICR）、经营现金流成长性（OCR）三项为产出变量定义的效率指标变量

续表

变量名称	变量定义
投资管控效率（*DEA*2）	以表 6-1 中大股东股权杠杆（EL）、管理费用占比（MC）两项为投入变量，以有形资产变动（TA）、投资现金流比（ICR）两项为产出变量定义的效率指标变量
技术竞争力（*TC*）	(上期研发费用+上期无形资产净额）÷本期行业平均营业总收入
市值账面比（*M/B*）	(总资产-所有者权益合计-递延所得税负债+年末股权市场价值)÷总资产
财务杠杆（*LEV*）	资产负债率
现金变动（Δ*CASH*）	2×现金及现金等价物净增加额÷(上期总资产+本期总资产)
企业规模（*SIZE*）	Ln（总资产）
收入水平（*SALES*）	Ln（营业总收入）
收入成长性（*SG*）	营业总收入的同比增长率

表 6-4　面板数据的描述性统计分析结果

变量	样本		均值	标准差	最小值	最大值
DISTEQ	全部	N=1230	-0.0198	0.1090	-0.8221	0.4330
	组间	n=246		0.0500	-0.2155	0.0863
	组内	T=5		0.0969	-0.6752	0.3636
*DEA*3	全部	N=1230	0.4784	0.1695	0.2735	1.0000
	组间	n=246		0.1451	0.2884	1.0000
	组内	T=5		0.0880	0.0925	1.0114
*DEA*2	全部	N=1230	0.4302	0.1564	0.2613	1.0000
	组间	n=246		0.1357	0.2775	1.0000
	组内	T=5		0.0781	0.0479	0.9966

续表

变量	样本		均值	标准差	最小值	最大值
M/B	全部	N=1230	2.0757	1.3507	0.7021	13.1418
	组间	n=246		1.0630	0.7763	6.8807
	组内	T=5		0.8355	-1.7621	10.0964
LEV	全部	N=1230	0.5423	0.2150	0.0373	2.0559
	组间	n=246		0.2009	0.0568	1.1098
	组内	T=5		0.0774	-0.0064	1.5103
Δ*CASH*	全部	N=1230	0.0138	0.0827	-0.2760	0.6421
	组间	n=246		0.0322	-0.1112	0.1580
	组内	T=5		0.0762	-0.3703	0.4980
SALES	全部	N=1230	22.0492	1.6986	16.2147	28.6556
	组间	n=246		1.6580	16.9405	28.2833
	组内	T=5		0.3811	19.8959	24.9978
TC	全部	N=1230	0.1245	0.4873	0.0000	9.0092
	组间	n=246		0.4700	0.0000	6.5220
	组内	T=5		0.1314	-2.5241	2.6117
SIZE	全部	N=1230	22.4838	1.6311	19.5411	28.4052
	组间	n=246		1.6041	19.6749	28.1270
	组内	T=5		0.3097	20.4373	24.8278
SG	全部	N=1230	15.5232	41.0192	-90.1210	729.2267
	组间	n=246		18.7728	-19.0372	153.2880
	组内	T=5		36.4871	-169.2322	591.4619

从表6-4中的描述性统计分析结果可以看出，平均的股东回报为负，即246家中央国有企业5年内平均从股东获得1.98%净融资率，或者说国

有企业从股东获得的平均融资率大于其返还股东的平均回报率。平均的投资管控效率指标 DEA3 和 DEA2 分别为 0.4784 和 0.4302，没有绝对无效的企业。中央国有企业上市公司的平均负债率为 54.23%，并且部分企业出现了资不抵债的情况。从表 6-4 中可以看出，企业间的收入成长性存在一定的差异性；而企业间的规模和收入水平都是取对数后的衡量指标，两个指标的均值、最小值、最大值都比较接近。

以 DEA3 表示的投资管控效率对股东回报（DISTEQ）的影响分析结果如表 6-5 所示。表 6-5 中的模型 2 和模型 5 使用了 Robust 协方差矩阵的估计方法，控制了固定效应模型中可能存在的异方差问题，相对于表 6-5 中的其他模型得到了更稳健的结果。表 6-5 中模型 1 和模型 3 对时间固定效应的存在性进行了检验，pF 检验表明存在时间固定效应。然而，Breusch-PaganLM 检验表明不存在时间固定效应，时间固定效应存在着影响的不确定性。表 6-5 中将模型 6 和模型 7 进行比较，通过对随机效应进行 Breusch-PaganLM 检验表明存在面板效应，采用随机效应模型优于合并模型。在固定效应模型 4 和随机效应模型 6 之间进行选择时，Hausman 检验的结果表明采用固定效应模型优于随机效应模型，同时，pF 检验表明固定效应优于合并 OLS 模型。因此，表 6-5 的研究结果表明适用模型的优劣顺序为：固定效应模型>随机效应模型>合并 OLS 模型。为了严格排除多重共线性的影响，本书还进行了 VIF 检验。本书发现当采用 DEA3、M/B、LEV、ΔCASH、TC 和 SIZE 六项自变量进行合并 OLS 分析时，VIF 的最大值和均值都小于 1.7，进一步排除了多重共线性对参数估计显著性的影响。当采用八项自变量分析时，其最大的 VIF 值也小于 7，VIF 均值小于 2.6，并没有存在多重共线性的明显证据。另外，本书采用六项自变量分析与采用八项自变量分析的固定效应参数估计结果、符号及其显著性都基本保持一致，表明本书的回归结果是令人满意的。

表 6-5　以 DEA3 表示的投资管控效率对股东回报的影响分析

变量系数或统计量	六项自变量		八项自变量				
	模型 1	模型 2	模型 3	模型 4	模型 5	模型 6	模型 7
	个体和时间固定效应	固定效应（Robust）	个体和时间固定效应	固定效应	固定效应（Robust）	随机效应	合并 OLS
β_{DEA3}	-0.1949*** (0.0294)	-0.1921*** (0.0514)	-0.1933*** (0.0294)	-0.1897*** (0.0293)	-0.1897** (0.0514)	-0.1134*** (0.0197)	-0.0949*** (0.0183)
$\beta_{M/B}$	0.0068* (0.0039)	0.0071* (0.0040)	0.0067* (0.0039)	0.0076** (0.0031)	0.0076* (0.0041)	0.0059** (0.0026)	0.0045* (0.0025)
β_{LEV}	0.3981*** (0.0336)	0.3993*** (0.0915)	0.4041*** (0.0337)	0.4070*** (0.0339)	0.4070*** (0.0965)	0.1054*** (0.0172)	0.0786*** (0.0156)
$\beta_{\Delta CASH}$	-0.4863*** (0.0337)	-0.5051*** (0.0629)	-0.4753*** (0.0339)	-0.4916*** (0.0337)	-0.4916*** (0.0610)	-0.4933*** (0.0339)	-0.4853*** (0.0346)
β_{TC}	0.0904*** (0.0194)	0.0869*** (0.0180)	0.0874*** (0.0194)	0.0843*** (0.0194)	0.0843*** (0.0161)	0.0046 (0.0072)	0.0003 (0.0064)
β_{SIZE}	-0.0903*** (0.0115)	-0.0694*** (0.0151)	-0.1023*** (0.0153)	-0.0905*** (0.0138)	-0.0905*** (0.0217)	-0.0108** (0.0051)	-0.0094** (0.0045)
β_{SG}			-0.0002** (0.0001)	-0.0002** (0.0001)	-0.0002 (0.0001)	-0.0002** (0.0001)	-0.0002** (0.0001)
β_{SALES}			0.0157 (0.0113)	0.0228** (0.0111)	0.0228 (0.0148)	0.0103** (0.0047)	0.0110*** (0.0042)
α_{2009}	-0.0067 (0.0093)		-0.0071 (0.0094)				
α_{2010}	0.0162 (0.0105)		0.0183* (0.0105)				
α_{2011}	0.0273*** (0.0097)		0.0253*** (0.0097)				

续表

变量系数或统计量	六项自变量		八项自变量				
	模型 1	模型 2	模型 3	模型 4	模型 5	模型 6	模型 7
	个体和时间固定效应	固定效应（Robust）	个体和时间固定效应	固定效应	固定效应（Robust）	随机效应	合并 OLS
α_{2012}	0.0170* （0.0103）		0.0132 （0.0104）				
个体效应的 σ_u	0.1407	0.1170	0.1381	0.1179	0.1179	0.0268	
σ_ε	0.0880	0.0886	0.0878	0.0884	0.0884	0.0884	
个体效应方差比 ρ	0.7186	0.6353	0.7120	0.6403	0.6403	0.0842	
R^2	0.3466	0.3349	0.3509	0.3398	0.3398	0.1981	0.1831
调整 R^2	0.2745		0.2773	0.2696		0.1967	0.1818
模型系数 F 统计量	51.6739***	19.5400***	43.7862***	62.7843***	15.7900***	37.7130***	34.2152***
pF 检验	4.3847***		4.1626***	2.2503***			
LM 检验	0.6574		2.0166			12.1173***	
Hausman 检验				189.8657***			

注：***、**、*分别表示 1%、5%、10%水平上显著，括号内为标准差。

表 6-5 中的分析结果表明，以 DEA3 表示的投资管控效率对股东回报具有显著的负效应，即投资管控效率较高时对应的股东回报较少。国有企业的投资管控效率与股东回报在事实上存在一种显著的背离倾向。这种背离投资者利益的扭曲机制表明，当国有企业的投资管控效率较高时，可以预见企业的股东回报较低；在其他条件相同的情况下，当投资管控效率较

低时，股东回报才倾向于较高。除投资管控效率指标外，控制变量财务杠杆、现金变动、企业规模都非常显著，当负债率较高、现金存量减少、技术竞争力较高、企业规模较小时企业会有较高的股东回报。其中，技术竞争力在固定效应模型中非常显著，市值账面比在10%显著水平下显著。本书考虑的上述指标或控制变量是经过筛选的结果，充分考虑了它们之间可能存在的复杂关系，不仅有经济意义的考虑，也有会计指标关系的考虑。例如，从经济意义上考虑，负债程度是企业偿债能力的指标，是现代公司治理中股东与债权人关系的一个反映指标。研究结果表明，负债程度较高的企业越倾向于进行股东权益分配，这表明企业的负债水平和偿债能力并不是制约企业给予股东回报的障碍，或者说，在股东权益分配中并没有保障债权人利益的考虑。虽然，上述指标或控制变量之间的关系较为复杂，但可以肯定的是，投资管控效率指标与股东回报之间的背离关系是稳定的，后文的稳健性检验也证实了这一点。

（二）稳健性检验与分析

本书的研究结果是稳健的，无论是采用投资管控效率的替代指标进行分析，还是通过减少回归分析的变量，相关模型的分析过程和数据结果都没有明显的改变。本书首先对投资管控效率的度量维度和指标定义进行了调整，采用了分析维度较小的DEA2指标代替DEA3指标重新进行面板数据分析。投资管控效率DEA2指标相对于DEA3指标减少了一个投入维度和一个产出维度，采用大股东股权杠杆（EL）和管理费用占比（MC）作为投入要素，同时采用有形资产变动（TA）和投资现金流比（ICR）作为产出要素。DEA2指标相对于DEA3指标简单，但对于投资管控效率的描述更为直接。相关结果也可以作为前述分析结果的一部分，如表6-6所示。

表 6-6 以 DEA2 表示的投资管控效率对股东回报的影响分析

变量系数或统计量	六项自变量		八项自变量				
	模型 8	模型 9	模型 10	模型 11	模型 12	模型 13	模型 14
	个体和时间固定效应	固定效应（Robust）	个体和时间固定效应	固定效应	固定效应（Robust）	随机效应	合并 OLS
β_{DEA2}	-0. 2544*** (0. 0328)	-0. 2682*** (0. 0629)	-0. 2538*** (0. 0328)	-0. 2673*** (0. 0322)	-0. 2673*** (0. 0635)	-0. 1187*** (0. 0203)	-0. 0950*** (0. 0185)
$\beta_{M/B}$	0. 0084** (0. 0039)	0. 0061 (0. 0040)	0. 0084** (0. 0039)	0. 0068** (0. 0031)	0. 0068* (0. 0040)	0. 0054** (0. 0026)	0. 0040 (0. 0025)
β_{LEV}	0. 3512*** (0. 0333)	0. 3506*** (0. 0800)	0. 3570*** (0. 0334)	0. 3579*** (0. 0334)	0. 3579*** (0. 0848)	0. 0792*** (0. 0164)	0. 0550*** (0. 0146)
$\beta_{\Delta CASH}$	-0. 4787*** (0. 0334)	-0. 4897*** (0. 0647)	-0. 4672*** (0. 0336)	-0. 4752*** (0. 0334)	-0. 4752*** (0. 0626)	-0. 4875*** (0. 0339)	-0. 4800*** (0. 0347)
β_{TC}	0. 0894*** (0. 0192)	0. 0861*** (0. 0169)	0. 0862*** (0. 0192)	0. 0829*** (0. 0191)	0. 0829*** (0. 0147)	0. 0048 (0. 0073)	0. 0003 (0. 0064)
β_{SIZE}	-0. 0856*** (0. 0115)	-0. 0749*** (0. 0142)	-0. 0957*** (0. 0152)	-0. 0923*** (0. 0136)	-0. 0923*** (0. 0199)	-0. 0103** (0. 0052)	-0. 0090** (0. 0046)
β_{SG}			-0. 0002*** (0. 0001)	-0. 0002*** (0. 0001)	-0. 0002* (0. 0001)	-0. 0002** (0. 0001)	-0. 0002** (0. 0001)
β_{SALES}			0. 0137 (0. 0112)	0. 0192* (0. 0110)	0. 0192 (0. 0144)	0. 0098** (0. 0047)	0. 0108*** (0. 0042)
α_{2009}	-0. 0095 (0. 0092)		-0. 0102 (0. 0093)				
α_{2010}	0. 0000 (0. 0104)		0. 0023 (0. 0104)				

续表

变量系数或统计量	六项自变量		八项自变量				
	模型 8	模型 9	模型 10	模型 11	模型 12	模型 13	模型 14
	个体和时间固定效应	固定效应(Robust)	个体和时间固定效应	固定效应	固定效应(Robust)	随机效应	合并 OLS
α_{2011}	0.0154 (0.0096)		0.0134 (0.0097)				
α_{2012}	0.0079 (0.0103)		0.0040 (0.0103)				
个体效应的 σ_u	0.1383	0.1254	0.1358	0.1261	0.1261	0.0275	
σ_ε	0.0873	0.0875	0.0871	0.0872	0.0872	0.0872	
个体效应方差比 ρ	0.7149	0.6725	0.7085	0.6764	0.6764	0.0906	
R^2	0.3568	0.3515	0.3615	0.3568	0.3568	0.1996	0.1827
调整 R^2	0.2826		0.2857	0.2832		0.1981	0.1814
模型系数 F 统计量	54.0384***	21.1200***	45.8537***	67.6863***	17.2700***	38.0510***	34.1249***
pF 检验	2.0369*		1.7644	2.4187***			
LM 检验	0.8538		2.1493			12.7984***	
Hausman 检验				839.7091***			

注：***、**、* 分别表示 1%、5%、10%水平上显著，括号内为标准差。

表 6-6 中模型 8 和模型 10 对时间固定效应的存在性进行了检验，模型 8 中只有六项自变量的 pF 检验在 10%的显著水平表明存在时间固定效应，

而其他 pF 检验和 Breusch-PaganLM 检验均表明不存在时间固定效应。时间固定效应同表 5 中的结果类似，存在时间固定效应影响的不确定性。表 6-6 中将模型 13 和模型 14 进行比较，通过对随机效应进行 Breusch-PaganLM 检验表明存在面板效应，采用随机效应模型 13 优于合并模型 14。在固定效应模型 11 和随机效应模型 13 间进行选择时，通过 Hausman 检验表明采用固定效应模型优于随机效应模型，同时，pF 检验表明固定效应模型也优于合并 OLS 模型。因此，表 6-6 中的研究结果同样表明各种适用模型间的优劣顺序为：固定效应模型>随机效应模型>合并 OLS 模型。表 6-6 中的模型 9 和模型 12 相对于其他模型继续采用了表 6-5 中模型 2 和模型 5 的 Robust 协方差矩阵估计方法，控制了固定效应模型中可能存在的异方差问题，也得到了更为稳健的结果。表 6-6 中的分析结果表明以 DEA2 表示的投资管控效率对股东回报具有显著的负效应，这与表 6-5 中的分析结果相一致。无论是以 DEA2 表示的投资管控效率还是以 DEA3 表示的投资管控效率都对股东回报起到了显著的决定或影响作用。从变量系数的绝对值变大可以看出，在 DEA2 指标下，其对股东回报反向制约的负效应更加明显。另外，表 6-6 中模型变量的参数估计结果与表 6-5 中模型变量的参数估计结果、符号和显著性基本保持一致，上述分析进一步验证了本书研究结果的稳健性。

四、结论与启示

（一）研究结论

既有的研究文献还未涉及大股东控制下的投资管控效率问题，也不能得出投资管控效率与不同股东类型利益分配之间存在关联性的有效结论。本书以中央国有企业的上市公司为研究对象，首先通过数据包络分析的方法度量了中央国有企业的投资管控效率，然后将数据包络分析的结果作为自变量构建面板数据分析模型，研究了投资管控效率对股东回报的影响机制。前述分析得出的研究结论主要包含以下三个方面：

（1）针对现阶段国有企业改革的目标，需要构建一个既从大股东角度出发又超越一般的投资效率衡量范畴的多维度投资管控效率评价体系。投资管控效率指标是大股东管控和企业投资效率的结合体，既考虑投资效益的多少、投资效果的优劣，也考虑投入的差异问题。通过综合考虑资产的扩张效果、投资现金流的增速效果和经营现金流的加速效果，以及控股股东的股权投入和管理费用等，该指标反映了国有企业深化改革的既定方向和潜在要求，因此是一个适用于国有企业股权多元化改革目标和投资管控效率测度的评价指标。

（2）利用本书构建的投资管控效率指标对中央国有企业上市公司进行统计，结果发现，在统计区间内大多数企业投资管控效率较低，且近年来没有明显改善。分行业来看，电力、煤气及水的生产和供应业的投资管控效率最高。研究样本中，作为中央国有企业主要构成部分的 142 家制造业上市公司其投资管控效率的 5 年内平均值均低于 0.5。这种情况表明，行业竞争程度的加剧并未对国有企业提升管控效率形成有力刺激，而电力、煤气及水的生产和供应业的投资管控效率明显高于其他行业，其行业属性所导致的供应方垄断地位可能在保障企业盈利能力方面起到了重要的作用。综合而言，中央国有企业上市公司的投资管控效率水平还有很大的改进余地。

（3）通过深入研究发现，现阶段投资管控效率对中央国有企业的股东回报存在反向制约关系，国有企业从股东处获得的平均融资率大于其返还股东的平均回报率。一般而言，不分配或较少分配股利是部分国有企业投资管控效率较高的一种表现。借助于投资管控效率的三个投入维度和三个产出维度进行实证分析，结果反映了这样一种现象：大股东既有通过缩小控股权提升投资管控效率的期望，也有通过减少股东回报、压缩企业对广大股东的现金流出，从而达到控制企业现金流的意图。实证结果表明，这

种并行的期望正被投资管控效率高的部分中央国有企业所实现。

（二）研究启示

在理想状态下，应当通过股权多元化降低国有股权比例，同时提升国有企业的投资管控效率。国有企业的利益分配既要保证国有企业的持续发展，又要为股东带来较高的回报，从长远来看，这二者应该并行不悖，但在短期内，则可能存在相互制约。只有理顺投资管控效率与股东回报之间的关系，才能很好地实现股权多元化目标，最终达到大股东和中小股东的和谐共赢。综合考虑，得出深化国有企业改革的启示如下：

（1）伴随着经济领域的全面深化改革，中央提出对国有企业进行混合所有制改革的明确要求，实际上就是要在重塑国有资本管理体制和国有企业治理结构的基础上，实现更高的国有资本收益率。既有的相关研究多涉及国有企业投资效率，其研究视角集中于分析投资现金流灵敏度和非效率投资，如国有企业投资不当和过度投资的问题。然而，国有企业投资低效不能简单地归因于内部管理问题，其深层次原因在于治理失效和监管不力。因此，构建有效的股权结构和治理结构是提高国有企业经营效率的重要保障。这就需要构建一个比投资效率更全面综合的衡量指标，既符合大股东控制下国有企业实际运作规律，也体现国有企业混合所有制改革的目标要求。本书认为，综合考虑股权资本占用和管理费用基础上的投资管控效率更能切合国有企业改革的实际任务目标。

（2）对于现代社会的经济发展模式而言，资本扩张给企业带来的增长效果是不言而喻的。而资本扩张既表现在对资本运用所产生的投资效果上，也表现在企业股权资本多元化和对债务性资本的充分运用上。股东回报倾向低则体现出国有企业在公有产权较低的回报约束下长期低成本占用股权的偏爱。也就是说，国有股东的“虚置特性”和名义上的大股东控制弱化了股票市场对企业的回报约束。对于中央国有企业上市公司而言，大股东股权过于集中、偏重于股权融资而债务性资本运用相对不足、管理费用偏高等弊端都明显制约着现代企业制度优势在国有企业的充分发挥。因此，鼓励国有企业通过产权交易市场、股票市场以及内部分配机制等实现股权多元化，有利于推动国有企业建立有效制衡的控制权结构，从而使国有企业的分配机制更趋合理，并能有效纠正股权占用成本失真的问题。

（3）从大股东的股权投入成本看，大股东持股比例的大小实际上是大股东与普通股民之间的利益平衡结果。而且，这种利益平衡结果会反映在股东回报的多少上。虽然随着国有企业改革的深入和资本市场监管体制的健全，关于上市公司的利润安排、股利分配、股票回购和股权发行等会越来越规范，但股东回报仍然更多的是由大股东决定的行为。从基本面来看，较高的投资管控效率有利于吸引战略投资者；然而，在一定时期内，投资管控效率高的企业不一定能为投资者带来更多的回报。如果股东回报长期背离于投资效率，则有可能导致中小投资者离场。因此，如果寄希望于通过引入战略投资者实现国有企业股权多元化，就需要引导企业在提高管控效率的基础上，适当提高股东回报，并强化国有企业信息披露约束，建立国有企业事前报告制度、事后报告制度和总体报告制度。这样才可能形成有效监管基础上的持续高效率。

（4）国有股“一股独大”与双重代理机制的并存难以避免“内部人控制”和道德风险问题，因此，国有企业投资管控效率的提高在很大程度上依赖于制度变革所释放的改革红利。要解决前述问题，就需要改革现有的国有资产投资管理体制和国有资产监管体制，还原并放大国有股权的资本属性，切实推动政企分开、政商分开和政资分开；改革国有企业利益分配机制，探索员工持股等激励机制，使员工成为企业决策的参与者和监督者，以及企业效率提升的原动力；在对国有企业进行功能分类的基础上，针对不同企业的战略使命和行业特点，探索相应的产权结构安排和公司治理模式，强化对董事会的制衡与内部监督。在此基础上，国有企业股权多元化应该是自然而然的市场化交易的结果，而非刻意追求的形式化目标。

上述结论和启示只是对投资管控效率与股东回报关系的初步探索，有

待于学者们进一步地深入研究和探讨。基于国有企业改革的迫切需要，在实证分析过程中关于投资管控效率的分析对象仅限于中央国有企业的上市公司，而国有企业特殊的经营目的决定了其有别于一般企业的投资、分配行为；在后续的研究中可以将观察范围扩大到整个资本市场的上市公司，或者在事先区分不同控制人的前提下进行分类对比研究。

第七章

国有产权控制、政府层级与投资效率

一、问题提出

继国务院颁布《关于加快培育和发展战略性新兴产业的决定》和《“十二五”国家战略性新兴产业发展规划》之后，中共十八大报告进一步强调了战略性新兴产业在国民经济中的重要地位，指出战略性新兴产业是我国经济长远发展的重大战略选择。基于战略性新兴产业特有的战略性特征，政府必须对其发展方向进行规划和引导（李晓华、吕铁，2010；朱迎春，2011），而战略性新兴产业的新兴性特征决定其现阶段的发展存在市场失灵现象，需要政府的“有形之手”进行干预和扶持（肖兴志、王建林，2011）。

与民营企业相比，国有企业在政策优惠、融资优势、投资机会、行业准入资格等方面更容易获得政府的支持，因此在战略性新兴产业发展上更具备优势。国有企业也积极借助其先天资源禀赋优势，通过发展战略性新兴产业的契机实现传统产业的优化升级，提升市场竞争力。大部分学者从产业特征和发展阶段角度对政府主导战略性新兴产业发展的模式给予肯定，如李晓华、吕铁（2010）、朱迎春（2011）等学者提出战略性新兴产业的产业特征区别于传统产业，对经济存在导向性作用，因此其发展不能单纯依靠市场机制实现资源配置，需要政府对其发展给予支持；刘红玉等（2012）基于产业的成长路径分析，认为目前战略性新兴产业正处于形成阶段，所以更依赖于政府政策引导和市场竞争规律的联合作用。

首先，由于产权界定不清晰，国有企业在发展战略性新兴产业方面也存在诸多弊端。如由于政府存在社会责任和政治目标，某些见效快的新兴产业成为政府新的“政绩工程”，部分地区项目盲目上马，导致产能过剩和资源浪费等现象（如近期频频出现的风电设备、多晶硅产业的重复建设）。其次，国有企业固有的行政效率低下问题导致其在推进战略性新兴产业发展的具体实施过程中市场反应迟缓、缺乏灵活性和创新性等弊端。

如万军（2010），余泳泽、周茂华（2010）从高科技产品研发的不确定性和政府认知能力的局限性出发，认为政府政策支持并没有使研发效率得到有效的提高，政府主导的产业技术发展可能导致大量资源浪费，延缓相关产业发展，Qian 和 Xu（1998）、Huang 和 Xu（1998）、江峰和刘海峰（2012）等学者则从国有企业的事前官僚机制及制度、资源和行为惰性出发，认为国有企业创新效率低下，阻碍了产业升级的进程。这些都是当前战略性新兴产业发展中饱受争议的问题，制约了战略性新兴产业的健康发展。

因此，如何在发挥政府对战略性新兴产业扶持效应的同时，抑制国有产权所引发的负向效应，是当前战略性新兴产业发展过程中亟待回答和解决的问题。

二、文献回顾

（一）终极产权理论与控制权结构

控制权结构的研究始于 LLSV（1999）提出的终极产权理论，即公司经营管理的最终决策者并非公司直接控股的大股东，而是通过金字塔结构、交叉持股等方式间接控制公司的实际控制人。由于实际控股股东能够通过持有较少现金流的方式控制公司的经营决策权，因此存在通过关联交易、非货币性交易、操作股价，以及利用内幕消息进行套利等方式掏空上市公司利润的动机。

实际控制人通过控制公司能够获得控制权收益，包括公共收益和私人收益两部分。其中，公共收益是指控股和非控股股东均可按比例分享的公司利润，实际控制人手中所有权比重越高，就越有动力对公司进行管理和监督，促进公司的利润增长，同时考虑到其自身利益，会降低对公司利润的侵占程度（Claessens 等，2002；LLSV，2002）；而私人收益则指实际控制人拥有的剩余控制权而获得的收益，主要来源于控股股东对公司其他股东的利益侵占（Jahnson 和 La Porta，2000；Claessens 等，2002；Lemmon 和 Lins，2003；李增泉等，2004；叶勇等，2007），控股股东手中控制权比重越高，其获取控制权私人收益的动机和能力就越大。

由此可见，现金流权比重决定了控制权公共收益，控制权比重决定了控制权私人收益。王鹏和周黎安（2006）的研究进一步指出，现金流权具有正的激励效应，而控制权具有负的侵占效应，且侵占效应要高于激励效应。因此，现金流权与控制权之间分离度越高，实际控制人通过现金流权比重获得的公共收益越有限，就越倾向于获取私人收益，对公司和其他股东的利益侵占行为就越严重（Claessens 等，2000；Lemmon 和 lins，2003；Fan 等，2005；赵晶等，2010）。

（二）政府产权控制的双重效应

根据终极产权理论，刘芍佳等（2003）将中国上市公司按照股本结构划分为政府终极产权控制与私人终极产权控制两类，提出国家对上市公司的控制已经从直接控股拓展为间接控股，并指出从终极产权归属来看，目前上市公司大部分仍由政府控制。基于此，叶勇等（2005）、夏立军和方轶文（2005）、辛清泉等（2007）、冯旭南等（2011）、陈红等（2014）从终极产权理论角度，提出实际控制人性质不同，其对公司绩效的影响也存在较大差异。

作为国有企业的实际控制人，政府的控制行为存在“掠夺之手”和“扶持之手”的双重效应。首先，由于政府存在就业率、GDP、税收、官员业绩考核等多元化公共目标，与公司利润最大化的经济目标存在利益冲突，因此为公司带来许多额外成本（Jensen，1986；Bai 等，2000；林毅夫等，2004；俞红海等，2010）。受政府控制的企业需承担政府的“寻租”成本，导致政府存在通过关联交易、资金占用挪用、非效率投资等隐性手段侵占公司资源的动机（曾庆生、陈信元，2006；吴联生，2009）。而且，

由于监管力量和法律约束难以限制政府权力，这种因政治目标而产生的侵占动机，甚至要高于非国有股东因经济目标而产生的侵占动机（夏立军、方铁强，2005；万丛颖，2010）。此外，杜莹、刘立国（2002），白重恩等（2005）从股东与管理者之间代理冲突的角度出发，提出对国有资产实行监督的代理人并不直接分享公司利润，缺乏监督管理者行为的能力，从而导致公司责任股东缺位，监督机制失效，影响公司绩效。

随着研究的不断深入，政府为国有企业带来的政策扶持、财政补贴、研发支持、融资优势、投资机会、行业准入等扶持效应也逐渐得到证实（陈晓、李静，2001；Faccio，2002；Sapienza，2004；肖兴志、王健林，2011），受政府控制的企业能够通过与政府之间的政治关系在资源配置上占据较大优势。金太军和袁建军（2011）的研究进一步证实，政府为了推动经济的增长，存在扶持国有企业发展的动机。

（三）政府层级与国有产权控制的效应

中国特色的财政分权改革使近年来政府层级与政府控制所产生的效应之间关系广受关注。根据政府的管理权限，国有企业可划分为中央企业和地方国有企业，其中中央企业由中央政府代表国家履行出资人职责，地方国有企业则由地方政府代表国家履行出资人职责。

从政府层级对国有企业的负向效应来看，大多数学者认为，层级较低的县、市级国有产权对公司的负面影响更为显著，掠夺效应也更为明显（夏立军、方铁强，2005）。主要原因是在当前行政分权和财政分权改革背景下，地方经济发展成为地方政府官员政绩考核的重要指标，政府层级越低，其财权与事权越不对等，面临的财政压力就越大。因此，与中央政府相比，地方政府更需要在平衡经济发展和政治晋升之间做出选择，导致地方政府之间竞争激烈，从而将一些社会性负担强加给所控制的上市公司（万立全，2010），引发市场分割、投资过热以及过度或无效的行政干预等问题（银温泉、才婉如，2001；何晓星，2005；王文剑等，2007；王立国、张日旭，2010）。此外，由于地方政府所受监管较弱，更容易引发公司过度投资等行为，而中央政府由于规模较大、行为影响更深入广泛，容易引发社会公众与新闻媒体的关注，因此更注重约束自己的行为，降低对上市公司的侵害程度，从一定程度上削弱了掠夺效应（张翼、李辰，2005；程仲鸣等，2008；刘星、安灵，2010；逯东等，2012）。

从政府对国有企业的正向效应来看，研究结论普遍倾向于地方政府在产业发展中的正面作用。地方政府比中央政府更了解地区的资源禀赋，有利于其作出更科学的决策（Hayek，1960）。因此，地方政府在对传统产业改造提升与战略性新兴产业培育发展上，起到更积极、更具体的促进和推动作用。而中央政府作为战略性新兴产业的总策划者，在产业发展中更多发挥的是统筹协调全局的作用，相对于地方政府，中央政府很难把握产业技术和产业化的不确定性（程宇和肖文涛，2012；陆立军和于斌斌，2012）。

关于国有产权控制效应的相关研究目前基本趋于成熟，但是结论各异。这主要由于在不同的产业中，或同一个产业的不同发展阶段中，政府控制所产生的效应在作用机理上存在明显的差异。此外，学者们在进行实证检验时采用的衡量指标不同，也会对实证结论产生影响。对于战略性新兴产业来说，其特殊的战略性和新兴性特征决定了政府控制的效应构成和效应强度也必然有异于传统行业。现有研究虽然为战略性新兴产业中政府控制效应研究提供了理论基础和借鉴，但仍需进一步的论证和检验。

三、研究假设

（一）控制权结构对公司绩效的影响

上市公司实际控制人往往能够通过交叉式持股、金字塔结构以及多重控制链等控制权安排，间接控制公司，获得公司的控制权。由于能够通过

较小的现金流权比重获得公司的控制权，实际控制人存在通过关联交易、非货币性交易、操作股价以及利用内幕消进行套利等方式侵占公司及其他股东的利益的动机。控制权比重越高，实际控制人通过侵占利润获得私人收益的动机就越高，会对公司绩效产生负向的侵占效应；现金流权比重越高，实际控制人按照比重获取的公共收益也越高，考虑到自身利益，会降低对公司利润的侵占程度，同时会加强对公司的监管，从而对公司绩效产生正向的激励效应；而两权分离度越高，控股股东越倾向于通过剩余控制权获取私人收益，导致公司绩效的下降。因此，本书得出以下假设：

假设 1-1：实际控制股东的现金流权比重对公司绩效存在正向影响；

假设 1-2：实际控制股东的控制权比重对公司绩效存在负向影响；

假设 1-3：实际控制股东的控制权与现金流权分离程度对公司绩效存在负向影响。

（二）政府控制对公司绩效的影响

政府对其所控制的国有上市公司同时存在正向和负向效应。其中，正向效应主要体现在对公司的投入产出效率的促进。对于战略性新兴产业来说，其战略性特征决定此类产业存在投资周期较长、资金需求量大、技术要求高等特征，且大部分处于发展初期，存在市场失灵现象，现阶段的发展需要依靠政府扶持。同时，政府也希望通过有效的扶持政策，实现新兴产业资源的优化配置，提升产业效率。因此，国有上市公司在税收、融资、财政补贴等方面享受优惠的可能性更大，对公司绩效产生正向的扶持效应更为明显。

同时，政府的公共目标和社会责任可能会引发其对国有上市公司的利润掏空行为。此外，战略性新兴产业的新兴性决定此类产业更加强调自主创新，而国有企业广为诟病的机构臃肿、内耗严重、信息传递迟缓、创新效率低下等问题可能会延缓新兴产业的发展，阻碍产业升级进程，因此，政府控制的负面效应主要体现在对公司利润指标的影响。根据以上的分析，本书提出研究假设如下：

假设2-1：战略性新兴产业中，实际控制人为政府机构的上市公司的投入产出效率显著高于其他公司；

假设2-2：战略性新兴产业中，实际控制人为政府机构的上市公司的获利能力显著低于其他公司。

（三）政府层级对战略性新兴产业上市公司的影响

1. 政府层级与国有产权控制的正向效应

战略性新兴产业的发展不仅具有行业性特征，也具备明显的区域性特征，其发展必须结合地区的资源禀赋和技术经济特征。与中央政府相比，地方政府更了解地区经济发展、科技水平、人才储备、产业基础、文化及地域特征等情况，因此，地方国有企业的发展通常与当地政府的区域性市场保护和资源基础相关，具有较高的当地嵌入性，更符合战略性新兴产业运行的区域化需求，在因地制宜地推动战略性新兴产业发展方面更具优势。而中央企业的产业范围主要集中于关系国家经济命脉和国家安全领域，投资规模大、进入壁垒高、产业带动力强，在地域差距方面的关注不足，影响了政府控制对产业的扶持效应。因此，本书得出以下假设：

假设3-1：战略性新兴产业中，政府层级越低，政府控制对公司投入产出效率的正向影响越大。

2. 政府层级与国有产权控制的负向效应

国有产权控制对国有企业利润的负向效应同样与实际控制人的政府层级有关。首先，从政府对公司的利益掏空行为来看，在以经济增长为基础的“政治锦标赛模式”下，地方政府通过加快经济增长而获得政治激励和政治晋升的动机更大，因此通过关联交易、资金占用挪用、非效率投资等手段掏空公司利润的可能性也越大。而中央企业产权归中央政府，在所处产业中具有垄断性地位，其行为影响较广泛，受到各方关注度较高，能够在一定程度上降低中央政府对其所控制公司的侵占程度。其次，从政府控

制所导致的效率低下来看，相对于地方国有企业而言，中央企业近年来加快实施“走出去”战略，积极拓展海外市场，通过不断深化改革，在治理结构、内部控制、战略规划管理、信息化建设、财务制度等方面日益完善，企业管理的水平和效率有了很大提高。因此，本书提出以下假设：

假设 3-2：战略性新兴产业中，政府层级越低，政府控制对公司利润水平的负向影响越大。

3. 政府层级对控制权结构与公司绩效的调节效应

政府层级不仅影响国有产权控制的效应，对控制权结构与公司绩效之间的关系也会产生影响。首先，现金流权比重的提升会增加实际控制人的公共收益，因此会对公司绩效产生正向的激励效应，而地方政府在实现新兴产业资源优化配置、提升产业效率等方面具有较大优势，能够进一步放大现金流权对公司绩效的正向影响。其次，控制权比重和两权分离程度的增加会加大实际控制人获取私人收益的动机，从而对公司绩效产生负向的掏空效应，而由于地方政府面临更激烈的政治竞争和晋升压力，且所受监管较弱，其对公司利润的掏空和侵占效应会进一步被放大。因此，本书得出以下假设：

假设 3-3：战略性新兴产业中，政府层级越低，现金流权比重对公司绩效的正向影响越大；

假设 3-4：战略性新兴产业中，政府层级越低，控制权比重对公司绩效的负向影响越大；

假设 3-5：战略性新兴产业中，政府层级越低，控制权与现金流权分离程度对公司绩效的负向影响越大。

四、研究设计

（一）样本筛选和数据来源

根据 2012 年公司年报中披露的主营业务范围和主营产品类型，与国家统计局公布的《战略性新兴产业分类（2012）》进行比对，选取 676 家主营业务或主营产品涉及战略性新兴产业目录中内容的上市公司，并从中剔除战略性新兴产业业务收入所占比重较小、尚未展开实际业务、数据无法取得、实际控制人不详或无实际控制人的公司，最终获得 644 家上市公司数据。数据主要来源于 Wind 中国金融数据库以及国泰安研究服务中心。

（二）变量定义

本书采用公司利润指标和投入产出效率两个指标对政府控制的公司绩效进行衡量，其中，利润指标采用公司营业利润率衡量，公司投入产出效率采用数据包络分析（Data Envelopment Analysis，DEA）方法进行计算。综合考虑科学性、可比性和可获得性等操作原则，本书构建了战略性新兴产业发展评价的投入产出指标（见表 7-1）。其中，投入指标由公司资产总额、营业成本、员工总数以及研发费用四个指标构成，反映了战略性新兴产业不同行业在物力、人力和财力上的投入情况；产出指标则由营业收入和净利润两个指标构成，反映了战略性新兴产业上市公司的经营成果。

表 7-1　战略性新兴产业发展评价指标选取及说明

投入	公司资产总额 X1	公司拥有或控制的全部资产
	营业成本 X2	公司所销售商品或提供劳务的成本
	员工总数 X3	公司截至报告期末全体在职员工数
	研发费用 X4	公司在产品、技术、材料、工艺、标准的研究、开发过程中发生的各项费用
产出	营业收入 Y1	日常经营过程中所形成的经济利益
	净利润 Y2	缴纳所得税后公司的利润留成

根据年报中披露的实际控制人所属部门，将上市公司分为国有与非国

有两大类，并根据控制人级别将国有上市公司进一步划分为中央政府控制和地方政府控制；实际控制人的控制权结构指标参考 La Prota 的计算方法，采用现金流权比重、控制权比重和两权分离度三个指标进行衡量，其中现金流权比重为实际控制股东各控制链条上所持有股权比重的乘积，控制权比重为各控制链条上最弱的股权比重的总和，两权分离度是指实际控制人手中控制权与现金流权之间的差额。

此外，本书选取行业变量和总资产自然对数两个指标作为控制变量，其中行业变量根据上市公司的主营业务范围和主营产品类型，按照《战略性新兴产业分类（2012）》的分类目录，将样本公司划分为节能环保、新一代信息技术、生物、高端装备制造、新能源、新材料、新能源汽车七大行业。具体变量定义如表 7-2 所示。

表 7-2 变量定义

变量	变量名称	变量符号	变量含义
因变量	公司投入产出效率	EFF	利用 DEA 得出的战略性新兴产业中公司的投入产出效率值
	营业利润率	OPR	净利润÷营业收入
控制权结构变量	现金流权比重	POCF	实际控制人现金流权比重
	最终控制人控制权比重	POC	根据股权关系链计算的实际控制人控制权比重
	两权分离度	SE	实际控制人控制权比重-现金流权比重
政府控制变量	政府控制	GC	最终控制人为政府部门，GC=1，否则 GC=0
	中央政府控制	GCC	最终控制人为中央直属政府部门、附属机构，GC1=1，否则 GC1=0
	地方政府控制	GCL	最终控制人为地方的政府部门、附属机构，GC2=1，否则 GC2=0

续表

变量	变量名称	变量符号	变量含义
控制变量	行业变量	IND_i (i=1~6)	根据《战略性新兴产业分类（2012）》的产业分类目录进行划分
	总资产自然对数	LNA	年末总资产的自然对数

五、实证分析

（一）投入产出效率

数据包络分析（Data Envelopment Analysis，DEA）是一种通过数学规划模型对具有多个投入和产出的单位进行相对有效性评价的方法。数据包络分析包括两种主要模型，分别为规模报酬不变条件下的 CCR 模型与规模报酬可变情况下的 BBC 模型。本书使用的 BBC 模型，是在最基本的 CCR 模型的基础上修订而来，它将总效率分解为技术效率和规模效率两个部分，从而将效率低下分解为生产技术上的无效率和未处于最佳生产规模两个原因。由此得到的技术效率所衡量的生产技术水平排除了生产规模因素，因此评价更为准确。BBC 具体模型如下：

假设有 n 个评价单元 $DMU_j(j=1, 2, \cdots, n)$，每个评价单元都有 m 种投入 x_i 和 s 种产出 y_r。将 n 个评价单元的 x_i 和 y_r 作为投入产出指标带入 DEA 模型中，即可得到 n 个评价单元的效率值，如式（7-1）所示。

$$
\begin{cases}
\min\theta \\
s.t.\ \sum_{j=1}^{n}\lambda_j x_i + S_i^- = \theta x_0,\ i = 1,\ 2,\ \cdots,\ m \\
\sum_{j=1}^{n}\lambda_j y_r - S_r^+ = y_0,\ r = 1,\ 2,\ \cdots,\ s \\
\sum_{j=1}^{n}\lambda_j = 1 \\
\lambda_j,\ S_i^-,\ S_r^+ \geqslant 0
\end{cases}
\tag{7-1}
$$

其中，θ 为评价单元的有效值，λ_j 为相对于 DMU_{j0} 重新构造的一个有效 DMU 组合中第 j 个评价单元 DMU_j 的组合比例，S_i^-，S_r^+ 为松弛变量。

采用 DEA 软件对 644 家公司的投入产出指标进行计算，数据显示，0 样本公司总效率值总体较高，平均值为 0.791，标准差为 0.120。总效率为 1 的公司比重并不高，仅为 26 家，占总样本的 4.04%；效率值在 0.4~0.6 的样本公司比重仅为 4.29%；不足 0.4 的公司最少，仅为总样本的 0.74%，其中效率值最低的仅为 0.201；超过九成的样本公司总效率值在 0.6~0.8 和 0.8~1 两个区间内，占总样本的比重分别达到 46.75% 和 44.18%。这表明我国战略性新兴产业上市公司的总效率普遍较高，然而总效率达到 1 的公司比重较低，未来仍有较大的提升空间。

（二）描述性统计

表 7-3 是对解释变量和被解释变量的描述性统计，644 个样本中，225 家公司的实际控制人为政府机构，其中 110 家为中央政府控制，其他 115 家为地方政府控制，分布较为平均。从战略性新兴产业上市公司的营业利润率来看，平均值仅为 8.784%，最小值达到-327.229%，但投入产出效率值较高，平均值高达 0.791，表明战略性新兴产业利润普遍偏低，但对

于投入资源的使用率较高。

表 7-3 变量数据描述性统计

	平均值	最大值	最小值	标准差	样本数
EFF	0.791	1.000	0.201	0.120	644
OPR	8.784	136.666	-327.229	20.123	644
GC	0.349	1.000	0.000	0.477	644
GCC	0.171	1.000	0.000	0.377	644
GCL	0.179	1.000	0.000	0.383	644
POCF	33.829	83.030	0.000	17.357	644
POC	38.963	89.410	0.000	16.796	644
SE	5.134	39.835	0.000	7.823	644
LNA	21.637	26.898	19.078	1.134	644

从控制权结构来看，样本公司中现金流权比重最大为 83.030%，平均值为 33.829%，控制权比重最大值为 89.410%，平均值为 38.963%，控制权与现金流权分离度均值仅为 5.134%，表明现阶段新兴产业的实际控制人控制权比重并不高，与现金流权之间的差距也较小。

另外，样本公司总资产自然对数平均值为 21.637，标准差为 1.134，其中新一代信息技术产业和生物产业最多，分别为 159 家和 150 家，其次为节能环保产业、高端装备制造业和新能源产业，分别为 88 家、86 家和 85 家，新材料产业和新能源汽车产业样本数最低，分别为 52 家和 24 家。

（三）回归结果分析

1. 控制权结构对战略性新兴产业公司绩效的影响

为检验控制权结构对公司绩效的影响，本书分别以公司投入产出

效率和营业利润率两个指标作为因变量，将现金流权比重、控制权比重、两权分离度和控制变量等数据分别进行回归分析，结果如表 7-4 所示。

表 7-4　控制权结构对公司绩效的影响

	EFF	
POCF	0.095**	
POC		0.132***
调整后 R^2	0.080	0.088
F 值	7.944***	8.744

注：* 表示 p<0.1；** 表示 p<0.05；*** 表示 p<0.01，控制变量及常数项的回归结果略。

其中，现金流权比重的增加能够提高上市公司投入产出效率，影响系数为 0.095，且在 0.05 的显著水平上显著，表明现金流权比重对公司绩效存在显著的正向影响，假设 1-1 通过检验。与以往研究结论不同的是，控制权比重的增加能够显著提高公司的投入产出效率，影响系数为 0.132，而对营业利润的影响系数并不显著，这表明在战略性新兴产业中，控制人手中控制权的增加并没有导致控制人对公司利益的掏空及转移，反而提高了公司对投入要素的使用效率，与假设 1-2 刚好相反。此外，现金流权与控制权的分离程度对公司绩效的影响并不显著（结果略），假设 1-3 未通过检验。

2. 政府控制对战略性新兴产业公司绩效的影响

为检验政府控制对公司绩效的影响，本书分别以公司投入产出效率和营业利润率作为因变量，将政府控制和控制变量等数据作为自变量进行回归，结果如表 7-5 所示。

表 7-5　政府控制对公司绩效的影响

	EFF		OPR
GC	0.150***		-0.075*
GCL		0.110***	
调整后 R^2	0.088	0.082	0.040
F 值	8.783***	8.169***	4.374***

注：* 表示 p<0.1；** 表示 p<0.05；*** 表示 p<0.01，控制变量及常数项的回归结果略。

从表 7-5 的回归结果来看，政府控制对新兴产业上市公司的营业利润率和投入产出效率均存在显著影响，但影响方向截然相反，其中政府控制对投入产出效率指标存在显著的正向影响，影响系数为 0.150，并在 0.01 的显著水平上显著；对营业利润率存在显著的负向影响，影响系数为 -0.075，并在 0.1 的显著水平上显著。这表明对于战略性新兴产业上市公司来说，政府控制能够促进公司各项投入要素使用效率的提高，存在正向的支持作用，但同时也降低了公司的利润率，存在负向的掠夺效应，假设 2-1 和假设 2-2 通过检验。

3. 政府层级对战略性新兴产业上市公司的影响

以公司投入产出效率和营业利润率两个指标为因变量，以中央政府和地方政府控制等变量为自变量分别进行回归，结果显示，地方政府控制对公司投入产出效率存在显著的正向影响，影响系数为 0.110，且在 0.01 的显著水平上显著，如表 7-5 所示，而中央政府控制对投入产出效率影响系数同样为正，但统计上不显著（结果略）。这表明层级较低的政府对于战略性新兴产业上市公司的扶持效应更大，假设 3-1 通过检验。中央政府和地方政府控制对公司营业利润的影响系数均为负，但不存在显著影响（结果略），假设 3-2 未通过检验。

为了检验政府层级对控制权结构与公司绩效之间关系的影响，本书在第一部分控制权结构研究模型基础上，进一步引入地方政府控制与控制权结构指标的交互项，选取国有上市公司样本进行层次回归检验。在进行调节效应分析时，本书对方程中相关自变量和控制权结构指标进行了中心化处理（变量减去均值），结果如表 7-6 所示。

表 7-6　控制层级对控制权结构与公司绩效之间关系的调节作用

	OPR			
GCL	0.064	-0.192	0.068	-0.179
POCF	0.005	-0.133		
POC			0.036	-0.081
GCC * POCF		0.317**		
GCC * POC				0.290*
调整后 R^2 (ΔR^2)	0.046	0.063 (0.020)	0.047	0.057 (0.014)
F 值	2.193**	2.498***	2.227**	2.361***

注：* 表示 p<0.1；** 表示 p<0.05；*** 表示 p<0.01，控制变量及常数项的回归结果略。

检验结果显示，政府层级对控制权结构与公司投入产出效率之间关系并不存在显著影响（回归结果略），政府层级的调节作用主要体现在利润指标上。首先，尽管现金流权比重对营业利润率的影响不显著，但引入地方政府层级与现金流权比重的交互项之后，回归方程的 R^2 得到显著提高，交互项系数为 0.317，且在 0.05 的显著水平上显著，表明政府层级越低，现金流权比重对公司绩效的正向效应越强，假设 3-3 得到验证。其次，地方政府层级与控制权比重的交互项的引入使回归方程 R^2 提高了 0.014，且交互项系数为 0.290，显著为正，表明地方政府控制对控制权比重与公司利润之间关系存在显著的正向调节效应，即与中央政府相比，地方政府对公司利润的掏空与侵占程度更低，与假设 3-4 刚好相反。

此外，两权分离度相关的交互项的引入并未使方程 R^2 得到显著提高，交互项系数也不显著（回归结果略），可能是由于战略性新兴产业上市公司的两权分离度并不高，没有产生显著的调节效应。假设 3-5 没有得到验证。

六、研究结论与政策建议

（一）研究结论

1. 实际控制人的现金流权比重和控制权比重对公司投入产出效率存在显著的正向影响

关于现金流权比重的结论与以往研究结论基本一致，即实际控制人手中现金流权比重的提升能够增加实际控制人的公共收益，使其利益与中小股东利益趋于一致，因此提高了对公司进行监督与管理的动机，从而使资源得到更加有效的利用。

与以往研究结论不同的是，在现阶段的战略性新兴产业发展中，实际控制人手中控制权比重的提升并不会导致利润的下降，反而能够有效提高公司的资源利用效率。主要原因在于当前战略性新兴产业实际控制人现金流权与控制权分离程度较低，导致其获取私人收益的动机较小。此外，由于新兴产业仍处于发展初期，与传统产业相比，存在高风险和高成长特征，未来发展具有较大的不确定性，也在一定程度上制约了实际控制人对公司利润的掏空行为。

2. 政府控制对于战略性新兴产业上市公司绩效同时存在正向和负向效应

政府控制的正向效应主要体现在对投入产出效率的提升。由于战略性新兴产业大部分处于发展初期，政府控制能够为公司带来更多的研发投入、财政补贴、人力资源等资源优势，且能够更快地了解和更有效率地利

用现有的优惠和扶持政策，有助于提升投入要素的使用效率，从而体现出政府对战略性新兴产业发展的扶持效应。而政府控制的负向效应则主要体现在对公司利润指标的影响，这一方面可能由于政府自身存在公共目标，拥有侵占或转移公司利润的动机；另一方面可能是国有企业本身效率低下导致的获利能力下降。

3. 政府层级会影响政府控制的正向效应

层级较低的地方政府控制能够显著提升战略性新兴产业上市公司的投入产出效率，而层级较高的中央政府控制对公司效率不存在显著的影响。这表明，地方政府作为区域产业发展的具体推动者，对区域经济与资源禀赋、产业发展的具体阶段以及公司的经营和运转等情况更为熟悉，能够帮助公司寻找更有效率的发展模式，因此在战略性新兴产业发展中的扶持效应更明显；而中央政府作为产业的统筹规划者，更多的是从宏观政策、行业准入、资源投入等层面为中央企业带来一定的优势，而对于公司的效率提升并没有起到明显的促进作用。

4. 政府层级对控制权结构指标与公司投入产出效率之间关系存在显著的调节作用

与中央企业相比，由地方政府控制的地方上市公司现金流权比重和控制权比重对投入产出效率的正向影响更大，这一结论进一步表明，在国家高度重视战略性新兴产业发展的背景下以及产业发展的初期阶段中，地方政府更多地发挥了“正外部性”作用，而以往此类研究中普遍关注的地方政府“政治锦标赛”所导致的“负外部性”，在当前的新兴产业上市公司中还并不明显。

（二）政策建议

1. 充分发挥政府在发展战略性新兴产业中的引导作用

目前，我国战略性新兴产业仍处于发展的初期阶段，虽然发展势头较好，但还未形成产业规模，盈利能力普遍偏低，在此过程中政府对产业的扶持作用至关重要。因此，应最大限度地发挥政府尤其是地方政府对企业效率的正向作用。通过科学规划产业布局、加强公共信息与服务平台建设、完善产业相关的法律法规建设等，营造适于战略性新兴产业发展的政策、体制和市场环境。

2. 进一步推动央地合作，促进资源整合

研究结论显示，地方政府更了解地区技术水平和要素禀赋结构，在因地制宜地制定适合本地的产业发展战略和相关的政策措施等方面更具优势。而中央企业大多在资金、技术、人才等资源上存在较大优势，能够在产业链延伸、产业集聚和中小企业带动等方面起到主导作用。因此，应积极推动中央企业与地方政府的合作，一方面有助于实现中央企业与地方省市的对接，整合资源、优化结构、调整战略布局，更有效率地进行战略性新兴产业的发展与规划；另一方面有助于地方政府借助央企在地方的投资，缓解地方财政紧张问题，促进地方经济的发展和产业的升级。

第八章

国有企业跨国投资监管的前提：国有经济战略性调整

新一轮国有经济战略性调整，是我国国有企业改革历史上一次继往开来的、真正战略意义上的“主动”改革和调整，是未来我国经济社会改革的重头戏。新一轮国有经济战略性调整，是要求战略布局、微观治理和配套政策全面协调的“系统性”变革和推进，是全面深化改革过程中的一场攻坚战。

针对目前国有经济发展中存在的突出问题，我们认为，未来我国国有经济的战略性调整应当包括相互关联的三个层面的改革：一是宏观行业层面的国有经济布局调整方向问题；二是与宏观布局调整相适应的微观企业层面的功能界定和分类改革，是宏观行业布局在微观企业层面的反映和实现；三是与宏观和微观层面调整相配套的政策调整。

与此相对应，新一轮国有经济战略性调整的“愿景”为：在布局层面，通过大幅收缩在竞争性领域的分布范围和参与程度，在公益性领域更好地发挥国有经济的主导作用，为经济社会提供优质低价的公共服务，在涉及国家安全领域和新兴产业领域与民营经济差异化发展、相互增强，为保障国家国防经济安全和新兴技术突破发挥显著的引领、示范作用；在微观治理层面，在进一步推进产权多元化、公司治理完善的基础上，重点加强和完善社会化治理的内容，真正突出国有经济的公有性质和公共功能；在政策层面，通过形成立法、总体协调、管理监督和绩效评估相互制衡的公共治理体系，与公司治理共同发挥作用，保证不同类型国有企业经济社会功能的发挥。

一、国有经济行业布局的战略性调整

总体上看，我国国有经济的行业布局演变与我国产业结构调整的总体趋势保持一致，国有经济战略性调整为国民经济产业结构优化升级起到了有力的支撑作用。

（一）当前国有经济行业布局的特点与问题

考虑到国有资产统计的数据质量问题，本书用国有企业及国有控股企业销售收入数据占工业行业的比重来反映国有经济的行业布局特点。我们将国有及国有控股企业销售收入数据占工业行业的比重在50%以上的行业划分为“控制性”行业，国有经济在这些行业中处于绝对的控制地位；将国有企业及国有控股企业销售收入数据占工业行业的比重在20%～50%的行业划分为“均衡性”行业，国有经济在这些行业与民营经济和外资经济处于基本均衡的竞争格局；将国有企业及国有控股企业销售收入数据占工业行业的比重在20%以下的行业划分为“参与性”行业，这些行业中非国有经济处于绝对控制地位，国有经济从规模上看仅是“参与”的角色。

按照这样的分类，国有经济仅在8个行业处于绝对控制地位，即烟草制品业（99.35%），电力、热力生产和供应业（93.50%），石油和天然气开采业（89.43%），开采辅助活动84.91%），石油加工、炼焦和核燃料加工业（69.68%），水的生产和供应业（69.25%），煤炭开采和洗选业（59.20%），燃气生产和供应业（51.01%）。6个行业中国有经济处于均衡地位，即汽车制造业（44.29%），铁路、船舶、航空航天和其他运输设备制造业（39.29%），有色金属冶炼和压延加工业（33.83%），金属制品、机械和设备修理业（33.82%），黑色金属冶炼和压延加工业（33.72%），有色金属矿采选业（29.52%）。其他28个行业中国有经济的控制力都显著低于非国有经济，其中比重介于10%～20%的行业包括酒、饮料和精制茶制造业（19.66%），专用设备制造业（19.29%），其他制造业（19.19%），化学原料和化学制品制造业（18.38%），黑色金属矿采选业（17.95%），医药制造业（12.83%），通用设备制造业（12.60%），仪器仪表制造业（11.55%），非金属矿采选业（11.23%），印刷和记录媒介复制业（10.73%）10个行业。其他非金属矿物制品业（9.49%），计算机、通信和其他电子设备制造业（8.64%），电气机械和器材制造业（8.48%），金属制品业（7.38%），造纸和纸制品业（7.29%），化学纤维制造业（6.66%），废弃资源综合利用业（6.51%），食品制造业（5.90%），农副食品加工业（5.72%），橡胶和塑料制品业（5.39%），文教、工美、体育和娱乐用品制造业（4.26%），其他采矿业（3.96%），纺织业（2.64%），木材加工和木、竹、藤、棕、草制品业（1.82%），家具制造业（1.65%），纺织服装、服饰业（1.16%），皮革、毛皮、羽毛及其制品和制鞋业（1.02%）17 个行业的比重均低于 10%。如表 8-1、图 8-1 所示。

表 8-1　2012 年国有企业及国有控股企业销售收入比重

类型	比重（行业数量）	行　　业
控制型（8）	90%以上（2）	烟草制品业，电力、热力生产和供应业
	80%~90%（2）	石油和天然气开采业，开采辅助活动
	70%~80%（0）	—
	60%~70%（2）	石油加工、炼焦和核燃料加工业，水的生产和供应业
	50%~60%（2）	煤炭开采和洗选业，燃气生产和供应业
均衡型（6）	40%~50%（1）	汽车制造业
	30%~40%（4）	铁路、船舶、航空航天和其他运输设备制造业，有色金属冶炼和压延加工业，金属制品、机械和设备修理业，黑色金属冶炼和压延加工业
	20%~30%（1）	有色金属矿采选业
参与型（28）	10%~20%（10）高参与度产业	酒、饮料和精制茶制造业，专用设备制造业，其他制造业，化学原料和化学制品制造业，黑色金属矿采选业，医药制造业，通用设备制造业，仪器仪表制造业，非金属矿采选业，印刷和记录媒介复制业
	10%以下（17）低参与度产业	非金属矿物制品业，计算机、通信和其他电子设备制造业，电气机械和器材制造业，金属制品业，造纸和纸制品业，化学纤维制造业，废弃资源综合利用业，食品制造业，农副食品加工业，橡胶和塑料制品业，文教、工美、体育和娱乐用品制造业，其他采矿业，纺织业，木材加工和木、竹、藤、棕、草制品业，家具制造业，纺织服装、服饰业，皮革、毛皮、羽毛及其制品和制鞋业

资料来源：中经数据。

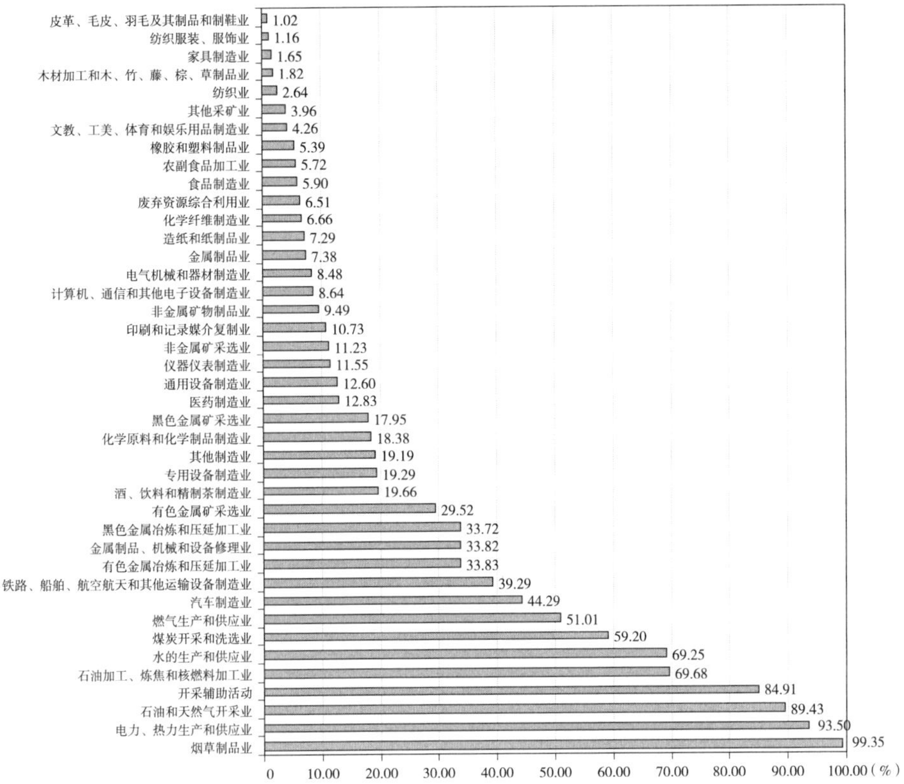
皮革、毛皮、羽毛及其制品和制鞋业 1.02
纺织服装、服饰业 1.16
家具制造业 1.65
木材加工和木、竹、藤、棕、草制品业 1.82
纺织业 2.64
其他采矿业 3.96
文教、工美、体育和娱乐用品制造业 4.26
橡胶和塑料制品业 5.39
农副食品加工业 5.72
食品制造业 5.90
废弃资源综合利用业 6.51
化学纤维制造业 6.66
造纸和纸制品业 7.29
金属制品业 7.38
电气机械和器材制造业 8.48
计算机、通信和其他电子设备制造业 8.64
非金属矿物制品业 9.49
印刷和记录媒介复制业 10.73
非金属矿采选业 11.23
仪器仪表制造业 11.55
通用设备制造业 12.60
医药制造业 12.83
黑色金属矿采选业 17.95
化学原料和化学制品制造业 18.38
其他制造业 19.19
专用设备制造业 19.29
酒、饮料和精制茶制造业 19.66
有色金属矿采选业 29.52
黑色金属冶炼和压延加工业 33.72
金属制品、机械和设备修理业 33.82
有色金属冶炼和压延加工业 33.83
铁路、船舶、航空航天和其他运输设备制造业 39.29
汽车制造业 44.29
燃气生产和供应业 51.01
煤炭开采和洗选业 59.20
水的生产和供应业 69.25
石油加工、炼焦和核燃料加工业 69.68
开采辅助活动 84.91
石油和天然气开采业 89.43
电力、热力生产和供应业 93.50
烟草制品业 99.35
0 10.00 20.00 30.00 40.00 50.00 60.00 70.00 80.00 90.00 100.00（%）

图 8-1 2012 年国有企业及国有控股企业按营业收入占工业行业的比重

从行业的产业组织特征看，国有经济具有绝对控制地位的行业主要是工业基础设施产业（如水电气）和战略性资源行业（如石油、天然气）；均衡型产业主要是交通设备（如汽车、船舶）和金属冶炼（如钢铁和有色金属）；参与型产业中的高参与度产业主要是技术和资本密集度相对较高的竞争性行业（如装备、医药），低参与度产业主要是劳动相对密集的竞争性行业（如纺织服装）。总体上看，目前我国国有经济布局存在的最突出的问题：一是分布范围太广，国有经济涉足包括等完全竞争性行业在内的所有两位数工业行业，影响了国有经济在战略性领域的功能发挥；二是国有经济在战略性领域的“存在形式”（产权安排、治理结构和监管模式）与国有经济的战略功能不匹配。

（二）国有经济行业布局调整的基本方向

中共十五大和十五届四中全会对我国国有经济布局问题进行了重大的战略部署。1997年9月，中共十五大明确指出："要从战略上调整经济布局。对关系国民经济命脉的重要行业和关键领域，国有经济必须占支配地位。在其他领域，可以通过资产重组和结构调整，以加强重点，提高国有资产的整体质量。"1999年9月，中共十五届四中全会首次把"重要的行业和关键领域"定义为："涉及国家安全的行业，自然垄断的行业，提供重要公共产品和服务的行业以及支柱产业和高新技术产业中的重要骨干企业。"

按照中共十八届三中全会《中共中央关于全面深化改革若干重大问题的决定》有关国有资本布局的相关部署，即"国有资本投资运营要服务于国家战略目标，更多投向关系国家安全、国民经济命脉的重要行业和关键领域，重点提供公共服务、发展重要前瞻性战略性产业、保护生态环境、支持科技进步、保障国家安全"的要求，我们认为，新一轮国有经济布局调整应当从解决"市场失灵"、服务"经济赶超"和"制度转型"的基本原则出发，将国有经济集中于公共政策型行业、特定功能型行业和少数具有新兴技术特征的竞争性行业。其中，国有经济在公共政策型行业的布局重点是工业基础设施，如水、电、气的生产与供应。特定功能性领域主要包括四个细分领域：①强外部性行业，如烟草、盐业等需要特殊管制的产业；②涉及国家安全的产业，一是装备、电子信息产业中涉及国防安全的领域，二是石油、煤炭、盐业等涉及经济安全的战略性资源产业；③自然垄断产业，如电信、航空；④节能环保、新一代信息技术、生物、高端装备制造、新能源、新材料和新能源汽车等战略性新兴产业。竞争性领域进一步明晰为支柱型竞争性行业中的骨干企业，且这里的"骨干"企业应该特别强调"高技术"标准，而不是"规模"标准。

我们对于国有经济布局的定位与中共十五届四中全会有关界定的差别主要体现在以下三个方面：一是提出强外部性行业，如烟草。二是将高技

术行业进一步明晰为战略性新兴产业，提出这种修正的原因主要是：①随着技术进步和我国经济社会的发展，高技术行业的外延不断拓展，笼统讲高技术行业已经不具有明确的产业指向；②由于我国在全球产业链中的特殊分工地位，我国存在严重的“高技术产业不高、低技术产业不低”的现象，简单提“高技术产业”不能反映我国产业结构调整的需求；③由于国有经济的“产业政策工具”功能可以更好地在“新兴”技术领域，而不是成熟技术领域发挥探索、引领、示范的作用。三是将支柱性产业和骨干企业作为国有经济在竞争性行业布局的限定条件，并且“骨干”企业特别强调“高技术”标准，而不是“规模”标准。如表 8-2 所示。

表 8-2　国有经济布局调整方向

功能	产业	领域	与中共十五届四中全会有关界定的基本对应关系
公共政策性领域	基础设施	水、电、气的生产与供应	提供重要公共产品和服务的行业
特定功能性领域	强外部性行业	烟草	
	涉及国家安全的行业	国防安全（主要是装备、电子信息产业中涉及国防安全的领域） 战略性资源等涉及经济安全的产业（石油、煤炭、盐业）	涉及国家安全的行业
	自然垄断性产业	电信、航空	自然垄断的行业
	战略性新兴产业	节能环保、新一代信息技术、生物、高端装备制造、新能源、新材料和新能源汽车	高新技术产业
竞争性领域	支柱性竞争性领域	主要是钢铁、有色金属、汽车、船舶、化纤等支柱性行业中的骨干（高技术）企业	支柱产业

资料来源：笔者整理。

（三）以功能界定为基础的布局调整

我国国有企业改革现在只停留在对国有经济功能定位的整体认识阶段，还没有细化到基于国有经济的功能定位对每家国有企业使命进行界定，进而推进国有经济战略性重组的具体操作阶段。新时期应该重新梳理每家国有企业存在对国家的意义，具体明确每家国企的使命。

根据企业使命和承担目标责任性质的不同，我们将国有企业分成公共政策性、特定功能性和一般商业性三种类型。其中，公共政策性国有企业，是带有公共性或公益性的、特殊目的的国有企业，它们仅承担国家公益性或公共性政策目标而不承担商业功能。这类国有企业数量非常少。特定功能性国有企业具有混合特征，它们既有一部分商业功能，也有一部分非商业性或政策性功能，其非商业性功能的实现又要求以企业自身发展和经营活动盈利为基础和前提。一般商业性国有企业，也就是人们常说的竞争性国有企业。它们属于高度市场化的国有企业，只承担商业功能和追求营利性经营目标。

针对目前单个国有企业“多元使命、多元目标”、从而产权改革和治理结构难以推进的问题，我们认为，国有经济战略性重组的第一项任务是在厘清国有经济总体功能定位的基础上，在“单个企业集团”层面明确企业的使命和主要经营目标，并相应地确定产权改革和治理结构改革的基本原则。我们初步研究认为，现有中央企业中“公共政策性企业”有 5 家，包括中国国新、中储粮总公司和中储棉总公司 3 家政策性企业，以及国家电网和南方电网 2 家自然垄断企业；“特定功能性企业”有 32 家，包括三大板块：一是国防军工板块，包括十大军工企业和中国商飞公司，共 11 家；二是能源板块，包括三大石油公司、国家核电、中广核集团和六大电力公司，共 11 家；三是其他功能板块，包括中盐公司、华孚集团、三大电信公司以及中远集团、中国海运和三大航空公司，共 10 家。其余 78 家为“一般商业性企业”，包括 22 家工业制造企业、17 家综合贸易服务企业、7

家建筑工程企业、12家科研企业和20家资产规模在500亿元以下的其他中小企业。对于地方国有企业，为了提高改革效率，我们认为分类方式应当进一步简化，即仅划分为公共政策性和一般商业性两类国有企业，其中公共政策类地方国有企业主要是为地方提供基础设施类公共服务的国有企业。

按照《决定》有关国有资本布局的相关部署，即"国有资本投资运营要服务于国家战略目标，更多投向关系国家安全、国民经济命脉的重要行业和关键领域，重点提供公共服务、发展重要前瞻性战略性产业、保护生态环境、支持科技进步、保障国家安全"的要求，新一轮国有经济布局调整的基本方向是：①为创造更加公平的市场竞争环境，激发民营经济的投资热情和活力，构筑新时期我国经济增长和发展的新动力，一般商业性中央企业和绝大多数非公益性地方国有企业应当在加快推进混合所有制改革的过程中，大幅收缩国有资本的范围和规模，最终使国有资本在这类混合所有制企业中处于参股地位。当然，考虑到目前国有资本在竞争性领域量大面广的现实，国有资本的收缩可以采取分阶段推进的方式，例如，2016~2018年，逐步消除国有资本在绝大多数竞争性领域混合所有制企业中的绝对控股现象，即处于相对控股或参股状态；2019~2020年，逐步消除国有资本在绝大多数竞争性领域混合所有制企业中的相对控股现象，即处于参股或彻底退出状态。②为提升公共政策类企业的公益性，短期内公共政策类中央企业和地方国有企业仍然保持国有独资的产权形式。这类国有企业数量非常少。目前，有的公共政策性国有企业也在开展商业性业务活动，一旦明确企业功能定位，其商业性活动应该逐步分离出来。在未来法律、监管等条件成熟时，也可以考虑将部分公共政策类企业进行混合所有制改革，并采取"公私合作"的形式进一步提升公益性企业的运营效率，为社会提供更高质量的公共服务。在各方面条件成熟之前，也可以考虑鼓励部分地方公共政策性国有企业进行试点改革。③对于特定功能类中央企业采取进一步分类改革的方法：其中，国防军工类中央企业整体上采取国有独资的形式，而对于能源和其他类中央企业则在剥离与特定功能性业务无协同效应的基础上，整体上采取绝对控股或相对控股的形式。

此外，特定功能性领域国有资本布局要保持灵活性和动态性：依托国有资本投资平台，国有资本不断地主动退出那些竞争格局趋于成熟、战略重要性趋于下降的产业领域，不断努力在提供公共服务、保障国家安全和符合国家战略要求的各种新兴产业领域发挥更大的功能作用；如果某些特定功能性国有企业的功能特征有日渐弱化的趋势，它们就应该及时转变为一般商业性国有企业，再遵照一般商业性国有企业的规律来深化改革。

通过国有股份从“一般商业性企业”的逐步退出，大幅减少国资委直接管理的国有企业数量，缩小管理半径，否则面对太多的国有企业，无法具体明确各个国有企业的使命和产业定位。从未来发展看，国资委应该通过战略性重组，组建30家左右的国有大型企业集团和控股公司，这些国有企业主要为“公共政策性企业”和“特定功能性企业”（黄群慧，2014）。从国有经济总体看，我国现有15万多家国有企业，几乎分布在所有的行业。我国国企产出在国民经济中的比重据估算在1/3左右（张文魁，2014），国有企业及国有控股工业企业占工业增加值的比重在1/4左右。希望通过新一轮国有经济调整，到2020年，最终使国有企业及国有控股企业在国民经济中的比重下降到15%以下，在工业中的比重下降到10%左右。需要说明的是，国有资本战略性调整并不是一个全面收缩的过程，而是一个在总量收缩前提下的“结构性”调整的过程。随着市场经济体制日趋成熟，国有资本应当更多从竞争性领域退出，向公共政策性领域集中和加强。

二、结构优化基础上的分类改革

整体上看，前两轮的国有经济调整与改革具有鲜明的“适应性”特征，即政府主要为了解决国有企业的亏损问题或提高国有企业的竞争力采

取的民营化和重组措施（张文魁，2014）。如果我国国有经济改革的主线是促进国有经济与市场经济的融合，那么，前两轮的改革则更多是通过改革使国有经济去适应市场经济、特别是市场竞争的要求。我们认为，中共十八大确立了我国全面深化改革、以深化改革促制度转型和经济发展的总体方向。在这样的背景下，新一轮国有经济调整应该由过去的“适应性”调整向“战略性”调整转变。改革的“战略性”主要体现在两个层面：一是国有经济调整本身应当成为推进市场经济改革的重要部分，通过国有经济改革，通过突出国有企业饿的市场主体地位和消除国有企业“特权”，促进市场经济的基本制度更加完善；二是国有经济由适应市场经济到“补充”甚至“增强”市场经济，通过恰当地发挥国有经济的作用，让市场经济更好地服务于国民经济社会发展。

针对前两轮改革遗留的历史问题，从我国市场经济建设的基本要求出发，我们认为，新一轮国有经济改革与战略性调整的目标应当分为三个层面：一是重新梳理和确定国有经济的功能定位，以此为基础推进分类改革；二是在分类改革的基础上，在大部分领域加快推进混合所有制，并以此为基础进一步完善国有企业治理结构；三是理顺政企关系，以国有运营公司和投资公司的组建为平台或界面，促进政府角色由管资产向管资本的转变。

（一）针对不同功能定位国有企业的产权改革与治理改革

在进一步明确国有经济功能定位和每一家大型国有企业功能定位的基础上，根据企业的功能定位实施相应的产权改革。我们预期，在2020年以前的新一轮国有企业改革进程中，国有经济在竞争性领域的调整是新一轮国有经济改革的“看点”，国有经济在特定功能性领域特别是垄断性领域的调整是新一轮国有经济改革的“难点”，国有经济在公共政策性领域的调整是新一轮国有经济改革的“亮点”。

总体上看，公共政策性国有企业（含公共政策性中央企业和公共政策性地方国有企业）采取国有独资企业形式。通常情况下，一家公共政策性国有企业由一家国有资本投资公司进行资本运营和管理。具体监管方法是“一企一制”、“一企一法”，确保企业活动始终以社会公共利益为目标。根据法律针对每家设立管理委员会作为最高决策机构，并负责高层管理人员的聘用和考核。管理委员会的设立与组织应当充分吸收社会各方专家和利益相关者。从长远看，公共政策性国有企业将是国有资本加强投资和监管的重点。

一般商业性国有企业属于高度市场化的国有企业，只承担商业功能和追求营利性经营目标。一般商业性中央企业和大多数非公益性地方国有企业都属于这一类型。这类企业总体上看最终应当以参股的形式体现国有资本的存在，一般商业性国有企业采用公司制或股份制，其股权结构应该由市场竞争规律决定，遵循优胜劣汰原则。在规范运作的前提下，这类企业的股权多元化程度和股东的异质性程度，不应该受到非市场性因素的困扰和扭曲，完全按照《公司法》的要求设计企业治理结构。一般商业性的混合所有制企业中的国有资本由国有资本运营公司（产业基金）运营。

特定功能性国有企业根据业务可竞争性和业务协同效应进行业务重组后，进行产权改革和治理结构调整。其中，国防军工类中央企业在集团层面继续保持国有独资的形式，部分下属企业根据技术、产品特点和企业发展需要采取适当的混合所有制形式；对于能源和其他类中央企业，可以考虑首先将与特定功能性业务没有显著协同效应的可竞争性业务从集团剥离，对于剥离的竞争性业务形成的企业采取一般商业性国有企业改革的措施进行混合所有制改革和产权改革（即最终采取参股形式），最终集团仅保留特定功能性业务以及与少数特定功能性业务具有显著协同效应的竞争性业务，并鼓励集团整体上市，通过上市实现混合所有制，并提升国有资本的流动性，国有资本投资公司保留对集团的绝对控股权或相对控股权。特定功能性国有企业中的国有资本由国有资本投资公司进行运营与管理。

推进混合所有制产权改革既要明确国有资本调整的总体性最终目标，在落实到每个行业和每个企业的改革时，也要注意改革推进的具体条件，即不能以总体改革的目标“一刀切”式地推进所有企业的改革。具体来说：①从行业层面看，对于具有垄断性质的（非军工）特定功能性国有企业改革，要在完善行业管制和放松民间资本进入的基础上，协同推进产权改革和市场结构改革，避免由于市场结构改革滞后于产权改革，而形成新的“混合所有制垄断”，使国有企业改革流于形式。事实上，近期中国石化销售有限公司的混合所有制改革，已经在一定程度上出现了市场结构改革滞后产权改革而造成社会舆论诟病的现象。②从企业层面看，一般商业性国有企业甚至包括垄断性的特定功能性国有企业在产权改革过程中，都应当以能够引入战略性投资者和形成有能力、有激励、有抱负的企业家作为企业改革推进的重要条件。如表 8-3 所示。

表 8-3　不同类型国有经济改革的特点与关键点

类型	主要的产权形态	基本的治理原则	资本管理机构	改革的关键点
公共政策性	国有独资	一企一法，社会性治理，最高决策机构是管理委员会	管理委员会	通过社会性治理提高运营效率
一般商业性	国有资本参股的混合所有制	《公司法》，董事会是最高决策机构	国有资本运营公司	创造条件引入战略性投资者（包括胜任的企业家个体）
特定功能性	国有资本控股的混合所有制	《公司法》，董事会是最高决策机构	国有资本投资公司	产权改革和市场结构改革协同推进

需要强调的是，对于特定功能性领域中的垄断性行业国有经济战略性调整，应该通过产权重构带动业务重组和企业组织结构调整，实现产业组织效率和企业绩效的同步提升：①垄断性行业国有企业产权重构，重点是推动垄断性行业中央企业从国有独资公司向国有绝对控股公司向国有相对控股公司转变，发展混合所有制经济，实现产权多元化。②业务重组要区分网络环节和非网络环节性质，根据行业特点整体规划、分步实施。积极研究将电信基础设施和长距离输油、输气管网从企业中剥离出来，组建独立网络运营企业的方式。通过网络设施平等开放推动可竞争性市场结构构建和公平竞争制度建设，使垄断性行业国有经济成为社会主义市场经济体制更具活力的组成部分，改革和发展成果更好地惠及国民经济其他产业和广大人民群众。具体而言，石油行业主要是深化中石油和中石化内部重组，通过兼并重组、注入资本金等政策将中海油、中化集团整合成一家新的国家石油公司。电网行业主要是实现国家电网公司和南方电网公司的合并，在国家电网公司、区域电网公司与省电网公司之间建立规范的母子公司关系。输配分离后，国家电网公司和区域电网公司经营输电网，配电网划归省电网公司。民航业重点培育几家区域性航空运输企业，解决航空支线垄断程度过高的问题，把航油、航材、航信三家企业改造成由各航空运输企业参股的股权多元化的股份有限公司。③企业组织结构调整重点是对一些行业内国有企业的数量及其关系进行选择和优化。由于垄断性行业国有企业均为大型企业或特大型企业，国有企业数量对行业垄断竞争状况和产业绩效具有重要影响。从有效竞争和便于管理的角度看，国有企业在特定行业内的企业数量既不是越少越好也不是越多越好，否则不是造成垄断就是造成国有企业过度竞争。

（二）以分权治理为核心的政企关系重塑

政府与国有经济关系的调整主要涉及两个方面：一是完善国有经济的总体治理架构；二是通过设立出资人代表，理顺政企关系和政资关系。

1. 国有经济管理体制的总体架构

国有经济管理体制改革的核心，是使国有资本管理从一系列的政府监管活动中独立出来，让资产管理成为企业法人自主的管理活动，从而使国有企业成为更加适应市场经济的经济主体。从这样的认识出发，我们认为，国有经济管理体制改革应当坚持以下基本原则：

（1）出资人代表与国有资本监管独立，即将出资人职能从国资监管机构中分离出来。使国资委承担纯粹的国资监管行政职能，未来进一步向大国资监管模式迈进。近年来，国资委虽然也成立了中国国新控股有限责任公司、国家开发运营公司和中国诚通控股集团有限公司，但这些机构并没有发挥出最初整合国资、提高国资运营效率的功能。国家开发运营公司在企业规模、投资方向以及产业结构上，都没能发挥国有资产投资公司的职能，反而也像其他国有企业一样，将资金投向了一般竞争性行业。中国诚通集团组建的目的更多是处理一些不良资产、解决一些遗留问题，而不是发挥国有资本的平衡与投资功能。结果是诚通集团不但没有发挥国有资本的运营功能，反而加大了自身的运行压力。成立于2010年的中国国新控股有限责任公司，定位于配合国资委优化中央企业布局结构、主要从事国有资产经营与管理的企业化操作平台。主要任务是持有国资委划入国新公司的有关中央企业的国有产权并履行出资人职责，配合国资委推进中央企业重组；接收、整合中央企业整体上市后存续企业资产及其他非主业资产，配合中央企业提高主业竞争力；参与中央企业上市、非上市股份制改革；对战略性新兴产业以及关系国家安全和国民经济命脉的其他产业进行辅助性投资等。但是，虽然企业运营近4年了，并未发挥出当初预定的作用。

（2）法律法规制定、执行和监督职能的相互独立原则。按照这样的原则，形成立法（全国人大）、总体协调（中央财经领导小组）、监督管理（国资委）和绩效评估（财政部）“分权治理”的格局，其中，全国人民代表大会主要是针对公共政策类企业制定一企一法，为公共政策类企业运营管理提供法律依据，同时制定《国有资本管理法》，为其他领域国有经济的微观治理提供法律依据；中央财经领导小组（下设国有经济专业委员会）负责国有经济改革的总体推进以及改革完成之后国有经济的总体协调；国资委负责国有资产运营公司、投资公司集团层面国有资本的管理和监督（管人、管事、管资本统一），并针对国有资本的管理制定相关政策；财政部负责从国有经济的战略定位出发，对国有资本进行分类评估。由国资委承担国有资本的管理监督职能，由财政部承担国有资本的评估考核功能，出资人代表履行出资人权力、进行投资和国有资本运营，必须在法律和国资委国有资本管理相关的政策框架下开展，同时出资人代表接受国资委和财政部的考核与监督。财政部和国资委均有权对国有资本投资、运营机构进行审计，对运作合规性、资产状况和运作效率进行监督。国有资本的状况、损益，经营预算和收益分配应当向人民代表大会报告，接受监督，并获得批准。以上原则的基本思想是形成各种权利相互制衡的治理格局，通过分工、制衡（而非掣肘）来提高国有经济的整体投资和运营效率。这种以国资委为核心的分权治理模式相对于其他模式具有诸多优点，见表 8-4。

表 8-4　国有经济治理模式比较

	特点	优点	缺点
以国资委为核心的分权治理模式	全国人民代表大会立法，中央财经领导小组国有经济专业委员会负责推进改革和国有经济总体协调，国资委负责政策制定和国资管理，财政部负责绩效评估	(1) 改革难度小，尊重传统，充分利用国资委国有经济管理的经验和能力； (2) 管人、管事、管资本合一，符合企业管理和资本管理的基于要求	—

续表

	特点	优点	缺点
以财政部为核心的分权治理模式	财政部负责投资和国有资本管理，国资委负责评估	财政部作为出资代表，理论上与管理职能统一能够更好地统筹投资与管理活动①	(1) 财政部实际上缺乏国有资本管理的经验和能力； (2) 将财政功能和国有经济管理职能统一在财政部会导致财政部的职能定位不清和机构臃肿
国资监管和评估合一模式	由财政部或国资委统一承担监督管理和评估功能	改革完成后，部门间协调难度小	(1) 不符合权力制衡的治理原则，不能从根本上解决国有经济的低效率问题； (2) 可能涉及部门的撤并，推进改革的难度大

按照以上原则和组织机构设置，最终形成“三层次”的国有经济管理体制。从分层看，首先，在最高层次上，是全国人大作为国有经济的立法机构，中层政府的国资监管部门（国资委，主要是国有资本监督管理和政策制定）和出资人代表监管部门（财政部，主要是对政策执行的监督管理），在未来进一步完善国有资本经营预算的基础上，国有资本经营预算还应该向人民代表大会定期汇报。国资委负责建立国有资本资产负债总表、编制和执行国有资本经营预算，负责对国有资本投资、运营的监督。财政部负责中间层次的国有资本投资公司、国有资本运营公司的组建，对

① 事实上，财政部是出资代表并不能成为财政部应当承担国有资本管理职能的充分条件，国有资本为全民所有，财政部只是形式上履行国有资本的注资和投资功能，与私人资本的投资与资本管理应当合一具有本质的区别。

其章程、使命和预算进行管理，负责国有资本的统计、稽核、监控等。其次，在中间层次上，组建和发展若干数量的国有资本运营公司和国有资本投资公司。作为世界最大规模的经济体之一，在中央政府层面，需要至少十数家或者数十家中间层次的这类平台公司。这类平台公司，将在确保国家政策方针贯彻落实的前提下，尽最大可能地运用和调动各种市场手段，为下辖的国有企业提供与其企业使命、功能定位相称的和相适宜的运营体制机制。最后，才是第三层级的一般意义的经营性国有企业。

需要进一步说明的是，这种“三层三类”国有经济管理体制，也使“全覆盖”的国有资产和国有企业的统一监管成为可能。建立“全覆盖”的统一监管体制，确立国资委的政策权威地位，有助于消除现行监管体制中的“盲区”和促进全国国有资本的统一优化配置。当然，由于“全覆盖”改革力度很大，建议现在地方国资委层面进行试点，然后逐步提高到中央层面。

2. 国有资本运营、投资公司的设立

国有资本运营、投资公司的组建均应由财政部门注资设立或重组设立，是独立于政府部门的运营国有资本的机构，实行所有权与经营权分离，受托市场化运作国有资本。组建国有资本投资或者国有资本运营公司，原则上应在现有的大型或特大型国有企业集团的基础上组建或改组，尽可能不新设国有资本投资或者国有资本运营公司。这个组建过程，正是集团公司股权多元化的过程。长期以来，我国集团公司层面的股权多元化进程停滞不前，而组建国有资本投资公司或者运营公司，会极大地加快我国集团公司层面的股权改革进程。预计用三年左右时间，在中央政府层面和地方政府层面，分别组建一定数量的国有资本投资公司和国有资本运营公司。国有资本投资公司和国有资本运营公司应有一定的资产规模优势。资产规模不突出的企业，可以联合其他国有企业改组设立国有资本投资运营公司。在中央政府层面，国有资本投资运营公司的数量可以为几十家，户均资产规模应在千亿级以上的水平。在地方政府层面，需要视当地国有

资本规模而因地制宜。到 2017 年，各级政府 80%的国有资本应实现向国有资本投资公司或者国有资本运营公司的集中。

推进集团公司改制为国有资本运营公司或国有资本经营公司，需要选择试点稳步推进。要成为国有资本投资运营公司的试点企业，它应该具备一定的前提条件。首先，试点企业应该具备一定的资产规模优势。规模太小的企业或企业集团，其试点意义不突出，很难对其他企业产生示范和带动效应。其次，试点企业应该有相对较强的国有资产的资本化能力和保障国有资本投资公司或国有资本盈利水平的能力。最后，试点企业需要有配套的体制、机制来确立自身的、相对规范的市场主体地位。只有这样的企业，才能运用企业化和市场化的手段，通过有效开展国有资本的投资运营活动，在实现企业自身发展的同时，实现国家与区域社会经济发展的战略性目标。在实践中，实行试点的企业或企业集团，可以各具其业务特点。首先，业务领域专业化特征突出的企业，可以选择成为国有资本投资公司的试点企业。例如，国资委近期选择了国家开发投资公司和中粮集团有限公司开展改组国有资本投资公司试点。这两家公司既有一定的资产规模优势，又有相对较强的资本投资运营能力，还有相对突出的专业化领域，因而是较理想的试点对象。其次，业务领域多元化特征突出的企业和一些已经形成较为显著的产融结合的业务结构企业，可以选择成为国有资本运营公司的试点企业。在实践中，有的企业将发展金融控股公司作为自身的发展定位，这类公司相对宜于开展国有资本运营公司试点。最后，既有专业化的业务领域，又有多元化的业务架构的企业，可以选择成为国有资本运营公司的试点企业。成为国有资本投资公司或国有资本运营公司试点，要将国有资本更多地在国家战略目标所需要的提供公共服务、发展重要前瞻性战略性产业、保护生态环境、支持科技进步、保障国家安全和国际化经营六个方面开展投资运营活动。

国有资本运营公司与国有资本投资公司具有以下不同的功能和组织治理特征：①主导投资领域不同。国有资本运营公司主要针对竞争性行业，以财务回报为目标。国有资本投资公司主要针对公益类、垄断类，以战略性持有为主，在涉及竞争性业务时，原则上应当是与战略性业务具有显著协同效应的竞争性业务。因此，同一国有资本运营公司的业务组合应当较国有资本投资公司更加多元化，国有资本投资公司的业务应当围绕战略性业务具有高度的相关多元性。②投资方式不同，国有资本运营公司将更多地运用参股和相对控股的投资方式，而国有资本投资公司的投资方式更多地采取全资、绝对控股和相对控股的投资方式。③考核目标不同。国有资本运营公司将更多地以市场价值指标和财务性指标作为KPI，而国有资本投资公司将以战略性指标与市场价值指标和财务性指标相结合，且理论上应当以战略性指标为主。④资本运作方式不同。国有资本运营公司以财务回报为目标，更加强调资本的流动性，而国有资本投资公司的资本整合和运营，更加强调要有利于资本所有权所体现资产的战略性的提升。⑤运营方式不同。短期内，为减少改革的难度，国有资本运营公司和投资公司都宜依托既有的企业集团母公司组建，但长期看，国有资本运营公司还可以采取基金的组织形式，以更好地体现国有资本的流动性和收益性。需要强调的是，虽然战略性新兴产业属于特定功能性领域范畴，但我们认为，部分战略性新兴产业的投资也应当以基金的形式组建，在完成对新兴技术的研发支持和商业化初期的投资支持后，在大规模产业化阶段逐步通过资本市场退出并兑现投资收益。⑥产权结构不同。短期内，国有资本投资公司宜采取国有独资的形式，而国有资本运营公司应当鼓励采取混合所有制形式，通过国有资本投资带动社会投资，引入先进投资理念和管理经验的投资者，优化国有资本运营公司或基金自身的治理结构。

通过完善国有经济管理体制，组建国有资本投资、运营公司，最终形成以下国有经济治理架构：①公共治理层面，形成立法（全国人民代表大会）、总体协调（中央财经领导小组）、监督管理（国资委）和绩效评估（财政部）“分权治理”的格局，其中，全国人民代表大会主要是针对公共政策类企业制定一企一法，为公共政策类企业运营管理提供法律依据，同

时制定《国有资本管理法》，为其他领域国有经济的微观治理提供法律依据；中央财经领导小组（下设国有经济专业委员会）负责国有经济改革的总体推进以及改革完成之后国有经济的总体协调；国资委负责国有资产运营公司、投资公司集团层面国有资本的管理和监督；财政部负责从国有经济的战略定位出发，对国有资本进行分类评估。②公司治理层面，对于公共政策性国有企业，主要采取管理委员会治理模式，特定功能性领域主要采取国有资本运营公司形式，同时通过加强社会性治理，突出公共政策性企业和特定功能性企业的战略功能；在竞争性领域国有资本投资公司主要采取产业基金的形式，以资本的收益性和流动性为根本目标，积极发挥民间资本对重点领域投资的引领带动作用。如图 8-2 所示。

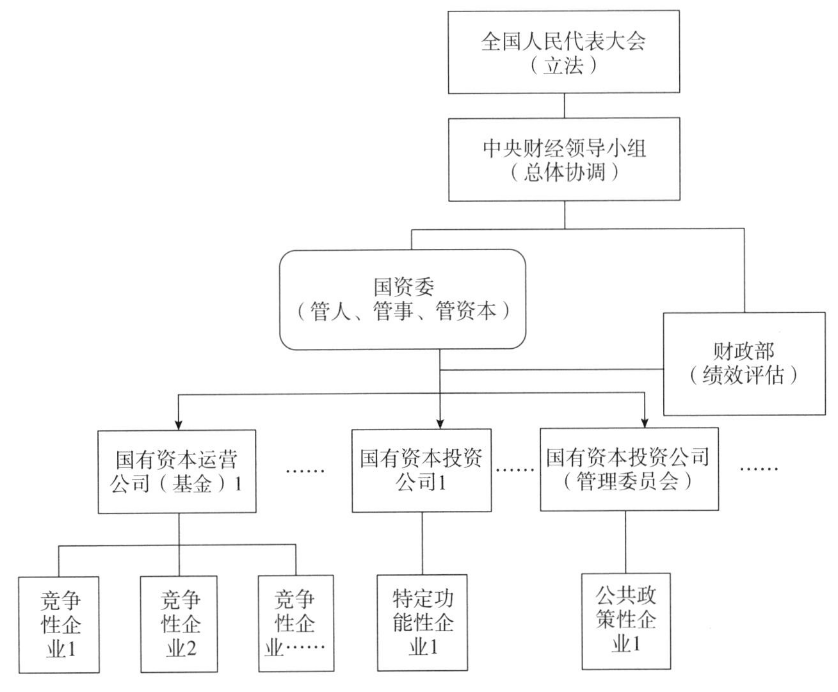

图 8-2　国有经济总体治理架构

三、新一轮国有经济战略性调整的任务与目标

（一）总体目标

遵循以上改革思路，新一轮国有经济战略性调整应达到以下目标：①在布局层面，通过大幅收缩在竞争性领域的分布范围和参与程度，在公益性领域更好地发挥国有经济的主导作用，为经济社会提供优质低价的公共服务，在涉及国家安全的领域和新兴产业领域与民营经济差异化发展、相互增强，为保障国家国防经济安全和新兴技术突破发挥显著的引领、示范作用。②在微观治理层面，在进一步推进产权多元化、公司治理完善的基础上，重点加强和完善社会化治理的内容，真正突出国有经济的公有性质和公共功能。③在政策层面，通过形成立法、总体协调、管理监督和绩效评估相互制衡的公共治理体系，与公司治理共同发挥作用，保证不同类型国有经济社会功能的发挥。

（二）任务和时间表

英国国有企业改革有序推进的经验为确定我国新一轮国有企业改革的进度和时间表提供了很好的借鉴。基本上按照改革的难易程度，撒切尔夫人主导的英国国有企业改革大致经历了相关关联的四个阶段：①1979～1981 年的试验期。这个阶段的标志是将当时已经部分民营化的英国石油（BP）的股权逐步变卖作为民营化改革的开端。②1981～1984 年的深化期。在 20 世纪 80 年代初萧条时期，“里根—撒切尔”思潮开始得到越来越多的认同。这个阶段政府开始优先民营化盈利能力强、所处行业竞争程度高的规模较小的国企，如宇航公司、电缆和无线电公司、阿莫仙国际、布里托尔石油公司、联合港口公司和安特普莱斯石油公司等。③1984～1988 年的高峰期。这一阶段英国政府开始民营化盈利能力较弱的大型国有企业，

同时也涉及了垄断行业。民营化对象包括英国电信、英国燃气、英国航空、劳斯莱斯（发动机）和英国机场管理局，这些企业在规模和影响力上都远高于之前的企业，使这一阶段成为英国国企民营化进程的高峰。到1988年12月底，英国已有27家国有企业全部或部分地实行非国有化，有约70万名职工从原国有部门转入私营部门。④1988~1991年的扩展期。第三次选举获胜使保守党开始迈出更加激进的民营化步伐。1988年10月，保守党年会上撒切尔夫人公开表示民营化"无禁区"。这个阶段英国政府将民营化进程推进到了自然垄断的公用事业行业中，1989年开始各地自来水公司和电力公司被逐渐民营化。

借鉴英国的经验，同时充分考虑我国的国情，我们认为，新一轮国有经济调整的各项改革任务中，改革方案相对容易设计、改革遇到各种阻力相对较小的任务主要是一般商业性领域的改革任务：①国有资本从长期亏损国有企业的退出。②一般商业性领域引入战略投资者。③一般商业性国有企业集团整体上市。④管理层持股。⑤成立国有资本运营公司，这些任务应当在全面试点完成后加快推进。改革方案相对较难设计、改革遇到各种阻力相对较大的改革任务主要是：①垄断性行业的业务重组。②垄断性行业的混合所有制改革及相应的市场结构改革。③垄断性行业引入战略投资者。④国有资本投资公司的组建和运营。⑤国有资本从绝大多数一般商业性国有企业收缩为参股状态。这些任务主要是特定功能性领域的改革任务，但同时也涉及一部分一般商业性领域的改革任务。改革最后的攻坚性任务是公共政策性领域的改革包括：①公共政策性国有企业的非公共政策性业务彻底剥离。②形成完善的公共政策性国有企业法律框架和监管体系。③形成"公私合作"、运营高效的公共服务供给主体。这些任务的推进涉及法律、产业政策、职业经理人市场等长期性的配套条件建设，改革的难度大，因此可以作为改革的最后攻坚任务来完成。如图8-3所示。

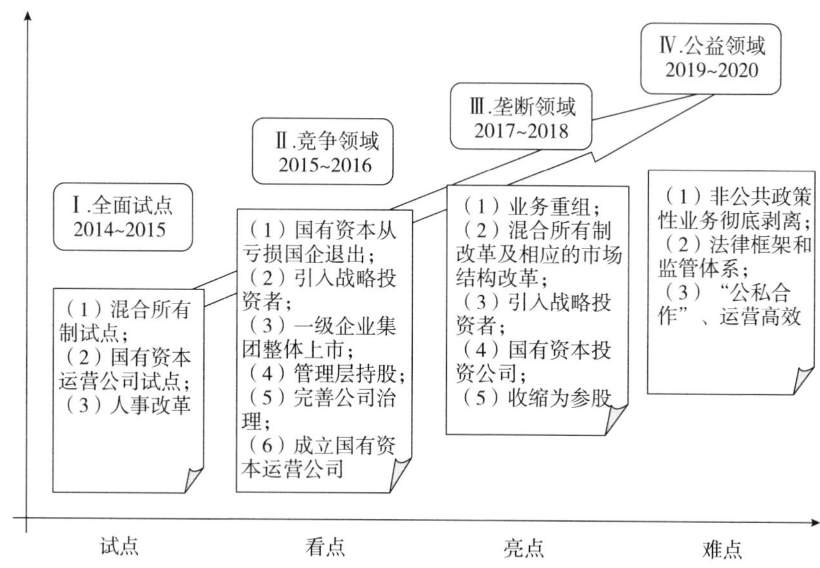

图 8-3　新一轮国有经济战略性调整的时间表和主要任务

四、国有经济战略性调整的配套政策

为顺利推进国有经济战略性调整，应当同时从以下方面提供配套政策保障。

（一）法律制度完善

针对每家政策性国有企业进行单独立法，明确每家政策性国有企业的功能定位、经营范围和治理机制。制定《国有资本管理法》，对国有资本出资人代表（国有资本运营公司、基金和投资公司）的法律权利、义务进行约定。针对现有的处于自然垄断性行业的国有企业，单独制定专门的行业法规，这些法规对相应行业的特定功能性国有企业进行保护和约束。对

于一般商业性国有企业，不需要有任何特殊的法律，与非国有企业完全一样，完全适用修改后的《公司法》。

（二）企业领导人员选任制度

分类监管的框架下，一般商业性国有企业领导人员的角色应是职业经理人，除董事长、党委书记等个别主要领导人员外，其他人员应该全部实行市场化选聘，由董事会任命。对于公共政策性国有企业，短期内，领导人员的角色可以是党政干部，在选用方面，采用上级组织部门选拔任命的方式，他们有相应行政级别，选用、晋升和交流都可按照行政方法和渠道；未来完善公共政策性企业的管理委员会制度后，委员会应当广泛吸收社会利益主体中的专业人士。特定功能性国有企业领导人员中，集团公司的少数领导人员和子公司的个别主要领导人员可以是党政干部角色，采用组织部门选拔任命方式，其他大部分企业领导人员要实施市场化选聘制度，由董事会选拔任命。在实践中，应尽可能明确企业领导人员的具体角色，再执行相应的选任制度。

（三）高管薪酬制度

一般商业性国有企业，参照市场标准制定高管的薪酬待遇标准，且可以实施股权激励制度；公共政策性国有企业的高管薪酬，应大体上向同级别的党政官员看齐，可以稍高于同级别官员，但不能采用市场化的激励机制，不能享受过高的年薪和股权激励，这类企业的激励主要以行政级别晋升为主；特定功能性国有企业的高管薪酬的制定依据，应该与该企业高管角色性质保持一致——该企业高管的市场化选聘比例就越高；高管薪酬与企业业绩的相关度越高；反之，高管薪酬中的市场化激励色彩越弱。

（四）国有资本收益上缴制度

一般商业性国有企业，应该按照市场规范运作的方式、参照市场标准来确定国有资本收益上缴标准；公共政策性国有企业，可不要求有资本收益，例如，中国储备粮总公司、中国储备棉总公司这类公司是可以免交国有资本收益的；特定功能性国有企业，可以基于其专营和垄断程度来确定其国有资本金收益上缴比例，垄断程度越高，国有资本收益上缴比例越高；反之，则国有资本收益上缴比例越低。

（五）信息公开制度

一是改革过程中的信息公开制度：保证非公企业参与国有企业改革过程的透明性和竞争性，通过社会性治理保证交易的公正公平，避免国有资产流失。由国资委牵头制定非公企业参与国有企业改革的信息披露制度，对于资产评估、股权定价、股权结构、管理层持股等重要交易信息按照标准化的文本格式及时对外公布，形成媒体、学术界和社会各界对非公企业参与国有企业改革的监督、约束机制。二是企业运营层面的信息公开制度：一般商业性国有企业，应以市场竞争的硬约束为最重要的监督制度，率先探索国有企业财务预算等重大信息公开制度。在市场约束机制真正生效后，其他各种行政化的监督制度可以逐步从量大面广的一般商业性国有企业中退出，这将大幅度减少政府对国有企业的不当干预，同时，也大大降低国有企业的高昂监督成本；公共政策性国有企业，应该是强化行政监督的主要对象，应该与政府信息公开同步；特定功能性国有企业，宜采用市场化监督和行政化监督相结合、自愿性信息公开与强制性信息公开相结合的制度，同时，应按照市场起资源配置决定性作用的要求，加快向以市场化监督为主的方向改革。

第九章

国有企业海外投资监管的目标与制度设计

分类改革已明确为国有企业改革的有效路径。国有企业海外投资监管的制度设计也必然立足于分类改革的基本思路。毫无疑问，只有商业类国有企业才具备对外投资的动机和可能性。商业类国有企业又分为竞争性国有企业和特定功能性国有企业，分别对应当前官方分类的商业一类和商业二类。商业二类国有企业在国内处于垄断地位，与国计民生息息相关。从国有企业所承担的使命来看，地方国有企业除了少数公共政策性企业之外，基本上属于竞争性的商业一类企业。在改革路线图中，这些企业将逐步退出竞争性领域的控制权地位，而主要以资本投资的方式存在。因此，这部分国有资本将纳入国有投资公司的监管体系。而中央企业中的商业二类企业承担了维护国家经济安全、培育支柱产业和参与国际竞争的职能，其母公司将长期保持国有控股的产权结构，这部分企业也是当前国有企业对外投资的主力军。在国家安全审查制度日益严格的今天，这些企业要获得海外市场的“准入券”，就必须强化自身行为的市场化取向。同时，毋庸置疑的是，这些企业又区别于纯竞争性的国有参股企业，预算软约束的存在和国有企业负责人身份的“经济—政治”二元特征，都有可能扭曲企业的海外投资行为。因此，从长远来看，由于存在投资行为异化和内部治理失衡两方面因素，商业二类企业的对外投资容易陷入海外投资陷阱，或者形成恶意的国有资产流失，因此，这类企业应该成为监管的重点。当然，在商业一类企业混合所有制改革和内部治理完善之前，其海外投资面临的问题与二类企业并无二致，因此，也应该适用相应的监管制度。具体而言，当前对外投资监管的重点就是商业二类中的石油石化、电力、通信等领域的 18 家中央企业，以及完成混合所有制改革之前的 77 家商业竞争类中央企业。

一、国有企业海外投资监管的三大目标

（一）防止国有资产恶意流失

2012 年，国务院国资委发布了《中央企业境外投资监督管理暂行办

法》（以下简称《境外投资监管办法》）。《境外投资监管办法》的出台，是国资委依法履行出资人职责，完善国有企业投资监管体系的重要举措，是国有企业海外投资监管制度化建设的第一步。在此之前，国有企业海外投资基本上处于监管真空地带。一些国有企业海外投资活动成为个别高管向海外转移资产、隐匿利润甚至移居海外的踏板，因此，海外投资监管的首要目标应该是弥补监管漏洞，防止国有资产恶意流失。此处强调区分国有资产恶意流失和正常的投资损失，是因为任何投资都有风险，即便是在审慎考察的基础上，国际化投资也可能遭遇失败。如果一味地强调国有资产流失风险，一旦投资收益率不佳，就扣上“国有资产流失”的帽子，会导致国有企业在好的投资机会面前裹足不前，禁锢企业的国际化发展思维和创新意识，不利于相关产业的国际化发展和过剩产能转移。需要关注的是，最近两三年以来，随着外部监管的加强和国有企业巡视工作的深入，国有企业海外投资显示出另一种倾向，那就是尽可能少投资或不投资，这种企业发展过程中的“不作为”倾向与之前的随意投资一样应该引起重视。区分国有资产恶意流失和正常的投资损失，有效厘清出资人监管边界，保障企业正常的经营决策，有助于减少国有企业在海外投资时的顾虑。

（二）防范海外投资风险

由于监管松懈和预算约束软化，国有企业在海外投资中的过度投资和不审慎投资行为并不少见，这些投资行为往往低估了海外投资风险，或未对海外投资风险进行全面考察，导致投资损失。一部分投资失败并不能归因于决策者的“不作为”或“乱作为”，而要归因于中国企业缺乏对外投资和国际化经营经验，对于这些企业，单纯的外部监督并不能解决企业投资效率低下的问题。因此，防范海外投资风险就成为国有企业对外投资监管的重要目标。在当前情况下，通过制度规范和服务完善，就可以促进国有企业海外投资的决策科学化，大大提升海外投资的成功率。其中，制度规范的落脚点在于通过外部监督约束和公司治理优化推进企业国际化投资的流程化和科学化水平，规避过度投资和不审慎投资；而服务完善的重点在于为企业建立海外投资风险警示和投资担保体系，减少企业投资的后顾之忧。

（三）促进国有资产价值增值

商业类国有企业与公益类国有企业的最大区别在于前者以经营利润为目标，对于海外投资这样的高风险战略行为，如果缺乏恰当的评价体系，国有产权代理人对海外投资并不具备天生的企业家动力。如前文所述，过分强调外部监督会导致企业海外投资热情下降。在建立科学的监管体系之前，外部人甚至很难区分恶意的国有资产流失和中性的投资损失。因此，要弥补监管漏洞，更要防止“过犹不及”，改变“重监督约束轻管理服务”的现状，出台并细化国有企业海外投资的激励措施和评价体系，使具备海外经营管理知识的人才充分发挥潜能，推动国有企业价值增值。尤其是针对商业一类企业，政府需要经济行为退出，在理顺商业化治理架构之后，国有产权代理人需尽快实现从“运动员”向“守夜人”的转变。

二、国有企业海外投资监管的制度体系设计

明确了监管重点之后，就需要根据三大监管目标进行监管的制度体系设计。在当前的国有企业微观治理生态和宏观管理体制下，改革的目标是建立内部治理和外部监管相适应的一体化制度体系，使内部监管成为常态化的主导力量，外部监管成为约束条件。在市场化公司治理体系中，商业竞争性国有资本回归“资本中性”，在市场化的公司决策体系和各产权主体相互制衡的公司治理体系中，企业经营者具有完全的自治权，国有资本的代理人只需要监督国有资本的使用，参与公司分红。在当前国有独资的情况下，外部监管是对不完善的微观治理体系的一种完善和补充，在财务

监管之外，还需要业务监管和人员监管。如图 9-1 所示。

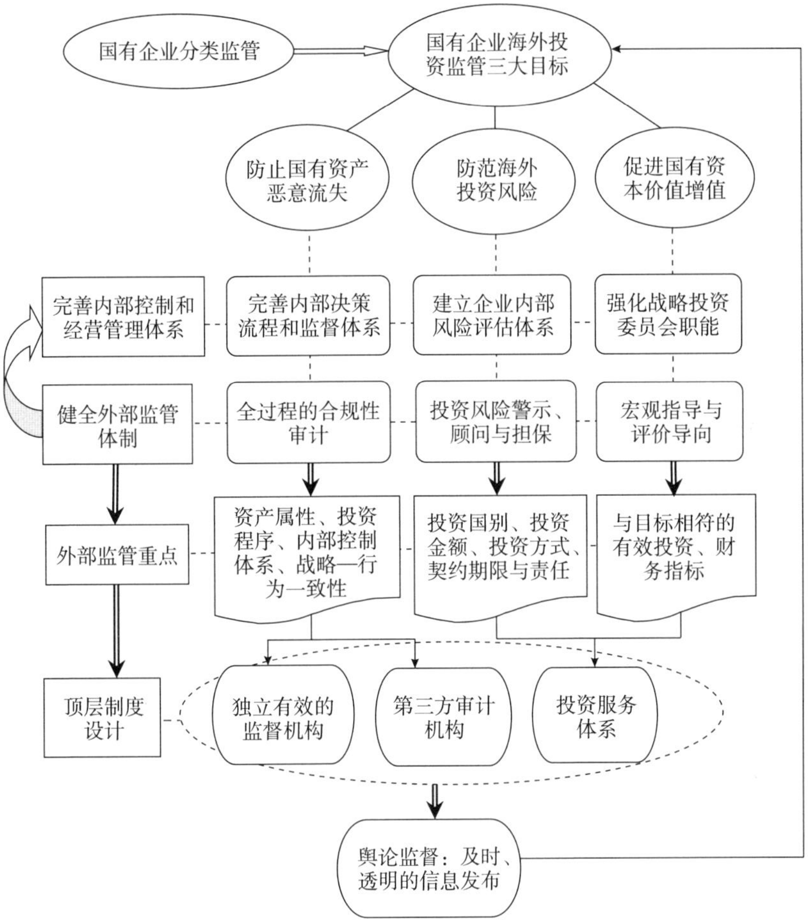

国有企业分类监管
国有企业海外投资监管三大目标
防止国有资产恶意流失
防范海外投资风险
促进国有资本价值增值
完善内部控制和经营管理体系
完善内部决策流程和监督体系
建立企业内部风险评估体系
强化战略投资委员会职能
健全外部监管体制
全过程的合规性审计
投资风险警示、顾问与担保
宏观指导与评价导向
外部监管重点
资产属性、投资程序、内部控制体系、战略—行为一致性
投资国别、投资金额、投资方式、契约期限与责任
与目标相符的有效投资、财务指标
顶层制度设计
独立有效的监督机构
第三方审计机构
投资服务体系
舆论监督：及时、透明的信息发布

图 9-1　海外投资制度设计的逻辑框架

（一）完善内部控制和经营管理体系

“内部人控制”是国有企业治理的难题。如果内部治理缺乏制衡，缺乏制度约束，外部监督将如无本之木，难以找到监督的抓手。因此，内部

控制和管理体系永远是外部监督的基础，外因始终要通过内因起作用。在当前情况下，为防止国有资产流失，应完善海外投资的决策流程和内部监督体系，使海外投资过程遵循科学、规范的决策流程，使经营过程的财务状况一目了然。在防范海外投资风险方面，企业同样需要在管理体系规范的基础上，做好项目可行性分析和风险评估。当然，在规范的决策体系中，这些都应该是题中之义。在促进国有资产价值增值方面，战略投资委员会可以强化在对外投资方面的集体决策职能，通过引入专业的外部董事，提高决策的专业化支撑。

（二）健全外部监管体制

对应国有企业海外投资监管三大目标，健全外部监管可以从三方面着力：首先，监督的首要任务是杜绝国有资产恶意流失，对此，需要建立全过程的合规性审计制度。也就是在确认内部控制体系健全的基础上，重点考察投资方向、海外机构的资产属性、投资程序和战略—行为一致性。考察制度框架内的组织行为合规性，而不仅考察投资结果，有利于避免将正常的经营损失错误地定性为国有资产流失。其次，从投资服务的角度而言，要提高国有企业规避海外投资风险的能力，政府可以从投资风险与警示、顾问与担保等方面提供支持，在投资国别、海外进入方式和契约期限与责任等方面进行引导和咨询，防止企业陷入海外投资陷阱。在促进国有资产价值增值方面进行宏观指导，更新企业领导人评价体系，区分与投资目标相符的有效投资，辅助以财务指标，对企业管理层进行导向性评价，以激励他们带领企业进行对外投资。

（三）创新顶层制度安排

以上内控体系和外部监管制度的创新都需要相应的顶层制度安排予以保障。在产权制度改革的同时，还需要通过国有企业组织治理与监管体制改革，在厘清政企边界的同时，保障国有产权在合理的治理框架内实现尽

可能高的资本收益。这就要求顶层制度安排既要做到监督有力，又要保障企业的创造性活力，避免企业以“不作为”逃避监督。从组织职能和监管目标来看，外部监督体系包括独立有效的监督机构、第三方审计机构和社会舆论三部分，独立的监督机构和第三方审计的目标都是为防止人格化的公有产权主体出现行为异化，而社会舆论监督则是为保障真实的终极产权所有者的权益所必需的制度安排。投资服务体系和相关的制度创新是当前制度的“短板”。从促进国有资本价值增值的角度来看，监督之外还需要服务，尤其是在内部治理日益完善之后，服务比监督更重要。

三、加强国有企业海外投资监管的具体对策

（一）在国有企业探索建立独立监事会制度

国有企业是一类特殊的企业，其治理应体现其国有股权的特殊性和监管的可行性。当前，我国公司治理模式形式上类似于大陆法系的“二元双层治理模式”，但本质上则偏向于美英模式，也就是董事会负责的单层治理结构。在实践中，由于我国市场发育程度和企业股权多元化程度远不能跟美国相比。在单层治理模式下，难以对国有企业董事会、董事长的权力进行制衡和有效监督。监事会在人事安排方面受到董事长“一把手”的制约，在公司运营过程中难以起到有效的监督作用，看似平行的监事会形同虚设，国有企业所暴露的腐败问题便是这一问题的客观反映。但国有企业当前要解决的一个核心问题就是对业务实际控制人的监督和约束问题，当前这种监事会功能的弱化需要从制度本身加以解决。建议在德国、日本双层治理模式基础上进行创新，建立分权制衡、分层监管、科学有效的国有企业管控结构。这就要求增强监事会的权威性和独立性。改革监事会产生办法，采取政府委派与股东大会选举相结合的方式，强化独立监事的主导作用。在党管干部的原则下，切实保障政企分开，使监事会主席代表人民

行使监督权利，而董事会主席仅代表人民行使资本权利。

（二）建立面向业务流程的内部监督与审计制度

独立监事具有对公司财务、投资流程的审核和质询权，但由于监事会主席在列席董事会时没有投票权，而且监事也不一定掌握经营管理知识，因此，监事会可侧重于事中和事后的财务监督。上市公司董事会框架下的独立董事制度可以发挥业务监督职能，把好事前监督和风险预警关。如此，将监事会和独立董事相互重叠、边界不清的监督职能区分开来，有利于两者相互补充、相互独立地发挥作用。对于大型国有企业，尤其是中央企业，建议由监管机构派驻独立董事，充实到董事会的战略、审计、提名和报酬等各个专门委员会。从人员构成来看，应保证各个委员会成员中至少有半数以上为独立董事，特别是审计委员会，如果可能，其成员应全部为独立董事。国有资产出资机构监管的监管以事后监管为主，而过程监管更多地需要依靠企业内部的监督制度，依托纪检部门建立自查自纠和内部巡视制度。由当前中央向国有企业派驻巡视组和审计人员的方式，逐步过渡到在企业建立独立监事制度，由中央派出的审计人员、监管机构派出的工作人员担任独立监事，并由独立监事担当监事会主席，实现外部监管与内部监管的有效链接。并且，保证独立监事的人数在监事会中超过半数。强化监事会对董事会的监督责任，提倡监事任期与董事任期错开。监事会主席享受国家公务员行政级别和待遇，与企业经营脱钩。其他独立监事和内部监事的薪酬和考核标准由国有企业监管机构制定。创新以监事会为主体的内部监督制度，建立自查自纠和内部巡视制度，明确监事会成员的责任，通过内部巡视，严格过程监管，防患于未然。

（三）加强覆盖海外投资的外部审计

对国有企业、国有资本进行审计全覆盖，重点对领导干部尤其是集团公司“一把手”经济责任进行审计，防止“灯下黑”。结合公司独立监事

会的报告，对存在问题的企业进行重点审计和专项审计，其他企业争取对国有资本保值增值情况两年进行一次审计，对国有企业领导人员的任期经济责任履行情况在其卸任前至少审计一次。针对海外投资审计力量薄弱的现实，为弥补审计力量的不足，完全可以采用政府购买第三方服务的方式，吸收社会审计力量，使其在审计机关的主导下参与国有企业的审计。对海外投资的审计，也完全可以购买海外会计师事务所的服务，提高审计效率。

（四）健全信息披露制度，发挥外部舆论监督作用

在上述内部治理和监督机制基础上，外部监管仍然是必要的。除对内部监督起到补充作用外，还能起到制度性震慑作用，有利于加强内部监督的效力。国有企业海外投资是国有企业投资的组成部分，当前，国有企业包括投资、成本收益在内的重要经营信息对社会而言，仍然是一个“黑箱”。即使是对于统计部门，企业上报的海外投资数据也是不准确的，没有监管、核查，“企业自报数据”就会沦为一个摆设。建立国有企业信息披露制度，是规范国有企业经营行为的关键。从产权代理理论来看，终极产权人有权对企业的信息进行查阅。

（五）加强政府的风险预警和综合服务功能

除监督外，还要加强对国有企业海外投资的综合管理服务，减少由于经验欠缺所造成的“非恶意”国有资产流失。当前来看，国有企业对外投资的风险是巨大的，这些风险包括政治风险、经济风险、社会风险和交易风险。有些风险是企业自身难以抵御和承担的，因此，国外政府纷纷建立境外投资风险保障机制，以政府力量为企业跨国经营解除后顾之忧。对我国企业而言，一些发展中国家和地区为它们“走出去”提供了广阔的市场，但同时巨大的发展空间往往伴随着很高的风险特别是政治风险，这一问题显得特别突出。中兴通讯曾在刚果（金）投资一个项目，合同签订后

刚果（金）发生政变，不但签好的合同作废，投入的资金也损失殆尽。因缺乏海外投资保险制度，企业容易遭受不确定性风险的重创。因此，我国应借鉴国际经验，尽早建立海外直接投资风险防范与保障体系。一方面，以官方委托的方式，依托中介组织编制海外投资风险评级报告，并建立基金形式的风险保证金；另一方面，制定引导政策，鼓励商业性保险公司开展海外投资保险业务。企业投资之前的信息咨询服务也应该纳入政府的服务范围。建议由商务部定向派遣投资环境考察团，调查重点国家和区域的投资环境，编制中国企业海外投资数据库，建设统一的政府海外投资信息平台，为企业提供海外投资环境的相关信息。通过驻外使馆，设立经济商业情报中心，为企业对外投资提供信息情报等服务。

（六）推进混合所有制改革，破除“竞争中立”原则的阻碍

新加坡淡马锡集团和法国雪铁龙等公司都是政府控股或参股的企业，但这些企业在海外投资时几乎不会遇到诸如“竞争中立”这样的进入壁垒，其根本原因在于，在这些企业的治理体系中，政府权力仅被限制在资本投资层面，在运营层面企业是完全独立的。虽然法国政府的参股有保护本国产业的直接意图，但控制在资本层面的参股很容易被投资东道国所接受。因此，一味地指责别国对中国国有企业投资的歧视，并不能实际减少各种进入壁垒。配合国有企业混合所有制改革，推动宏观管理体制和微观治理结构创新，将国有资本从经营性领域逐渐退出，以投资公司或主权基金方式获得资本投资利得，变直接控制为间接控制，将有利于减少国有企业进入海外市场的障碍。

第十章

国有投资公司的监管体制改革

中共十八届三中全会提出，完善国有资产管理体制，以管资本为主加强国有资产监管，改革国有资本授权经营体制，组建若干国有资本运营公司，支持有条件的国有企业改组为国有资本投资公司。这表明，在新时期全面深化改革背景下，国有资本投资运营公司作为一类特殊的国有企业，在国有资产管理体制改革中扮演着十分重要的角色，并且将有越来越多的这类企业出现。它们将推动我国国有资产管理体制逐渐从“二层级”向“三层级”转变，从“管资产”向“管资本”转变。鉴于其功能和地位的特殊性，我们可以称这类公司为“国资运营平台”。

实际上，国资运营平台并不是一个新生事物，在我国已经有将近30年的实践探索经验。伴随着我国投资体制改革和国资国企改革的推进，20世纪80年代末期开始出现的国有投资公司，正是国有资本投资运营公司的前身和雏形，以及未来改组的基础。它们在我国的经济和社会发展过程中，或多或少地承担了国资运营平台的功能。[①] 目前，已经有一批企业具备了改组成为国有资本投资公司或运营公司的条件，国家开发投资公司等代表性企业正在推进试点工作。本章以我国中央和地方层面的国有投资公司为考察对象，探讨国资运营平台监管体制的合理性与改革方向。

一、国有投资公司的监管特殊性

本书所指的国有投资公司，是国有企业改革和投资体制改革的产物，其作用是为了促进传统计划经济向市场经济体制的转型。它们是一种区别于产业类公司的、特殊的国有企业组织形式，承担立足国家需要、运营国有资本的特定使命与功能（黄群慧、余菁等，2013）。这类公司是介于政府和市场之间的一种特殊组织，具有“经营性”和“政策性”的双重性

---

① 除了本书的研究对象——国有投资公司以外，还有其他一些国有企业也承担了国资运营平台的功能，如金融控股公司。相比而言，国有投资公司更加具有普遍性和多样性的特征，也是未来改组设立国有资本投资公司和运营公司的主要来源。

质，追求“经济利益”和“社会利益”的双重目标，承担着不同于一般国有企业的多种角色和功能，在国民经济和社会发展中发挥了重要的作用。由于国有投资公司在经营目标、功能定位、组织形式和运营方式等方面具有特殊性，相应的内外部监管体制也体现出较强的差异性。

（一）经营目标的双重性

国有投资公司成立的初衷，是按照各级政府的意图开展投资活动，为基本建设项目筹措资金，同时参与投资项目管理。[①] 伴随市场经济体制改革的进程，国有投资公司逐渐向市场化经营主体转变，获得了更大的投资自主权，但是仍然承担着或多或少的政策性任务。它们在投资方向的选择上，必须权衡好政府意志和市场盈利的关系。在国际上受到普遍认可的淡马锡控股公司（Temasek Holdings），就是遵循了“政府投资，市场化运作”的基本原则，在适当考虑政府的发展战略和产业政策的前提下，以市场为导向、以营利为目标选择投资项目。因此，我国的国有投资公司作为政府的投资主体，首先要为国家和地方经济、社会发展服务，同时作为一个市场竞争主体，也要兼顾投资效益。国有投资公司必须将政策性与经营性相结合，明确自身的功能定位，这是决定其能否健康、快速发展的根本要素。

（二）功能定位的交叉性

国有投资公司最早出现于 1988 年，在将近 30 年的发展历程中，扮演着多重身份，其功能定位也体现出动态演化的特征。尽管国有投资公司之

---

① 例如，广西投资集团的前身是成立于 1988 年 6 月的广西建设投资开发公司。作为最早设立的一批地方国有投资公司，具有特殊的使命和功能。成立之初，公司的主要任务和职能是：根据自治区建设的需要，为自治区基建工程广泛筹措国内外资金；用好、管好自治区的各项建设投资；参与自治区投资项目的管理；开展经营性、开发性和商业贸易各项业务，为自治区建设工程积累资金。资料来源：广西投资集团有限公司：《长风破浪会有时直挂云帆济沧海：献给广西投资集团有限公司成立 25 周年》，广西人民出版社，2013 年版，第 13 页。

间存在一定的差异性，但是它们基本上是三种角色的交叉体：一是从投融资体制改革角度来看，是政府投资主体。国有投资公司大多都或多或少承担着政府下达的战略性投资任务，目的是为当地经济和社会发展服务。二是从市场经济体制改革角度来看，是国有资本经营主体。国有投资公司是十八届三中全会提出的国有资本投资运营公司的前身，承担着国有资产保值增值等重要职能。三是从国有企业改革角度来看，是国有企业改革创新主体。国有投资公司作为一类比较特殊的国有企业，在多项改革方面都走在了国有企业的前列，成为其他企业学习的标杆。国有投资公司功能定位的演变，是与我国投融资体制改革和国资国企改革密不可分的。它们相互影响、相互促进，共同朝着市场化改革方向演进（见图 10-1）。

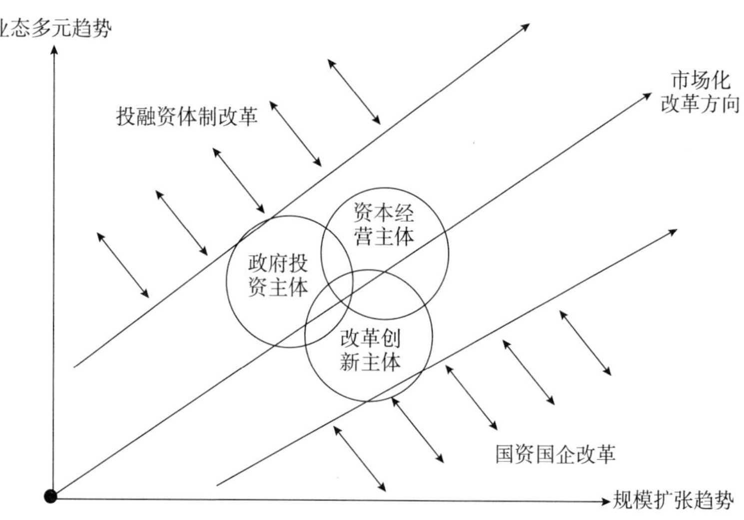

图 10-1　国有投资公司功能定位与制度环境的共同演化

资料来源：笔者绘制。

（三）经营业态的多样性

随着国有投资公司的发展，它们在经营业态上逐渐呈现出多样性的特

征。从企业的经营业务领域来看，国有投资公司可分为三大类：一是综合型投资公司，即从业务结构来看，不但包括金融业、资产管理业和实业，而且在实业中涉猎多个行业。近年来，越来越多的国有投资公司进入金融业谋求发展，一方面为了获取更高的利润率，另一方面可以通过产融结合带动实业发展。二是产业型投资公司，即主要投资一个产业，或者投资一个产业链上的多个产业，多为对经济和社会发展具有战略意义的产业，如能源产业。三是城市运营服务商，主要涉及市政、城市公共基础设施建设等方面的投资。由于经营业态多样性的存在，国有投资公司适用于不同的监管体制，尤其是内部集团管控模式存在很大的差异性。

（四）监管层次的复杂性

与一般从事生产和服务的国有企业不同，国有投资公司是介于政府投资企业之间的中间层组织。因此，讨论国有投资公司的监管体制问题，不仅包括政府与国有投资公司之间的关系，还涉及国有投资公司与下属投资企业之间的关系。随着国有企业股权多元化和混合所有制改革的推进，这些投资企业呈现出多种股权结构，包括国有独资企业、国有控股企业以及国有参股企业。这使国有投资公司的监管层次更具复杂性（见图 10-2）。从 1988 年国有投资公司成立之初到 2003 年国资委成立，再到新一轮的国有企业改革，国有投资公司与政府之间的关系不断理顺，从行政隶属转变为资本纽带，政府从直接参与运营转变为作为出资人参与重大决策。国有投资公司作为三级国资管理体制中间层的作用日益凸显。

二、国外实践模式与经验借鉴

国有投资公司不仅存在于以我国为代表的发展中国家和转轨经济体，即使在发达国家也发挥着十分重要的作用。林毅夫（2001）指出，成熟的市场经济国家一般都有某种形式的国有投资公司。与我国尚处于探索发展

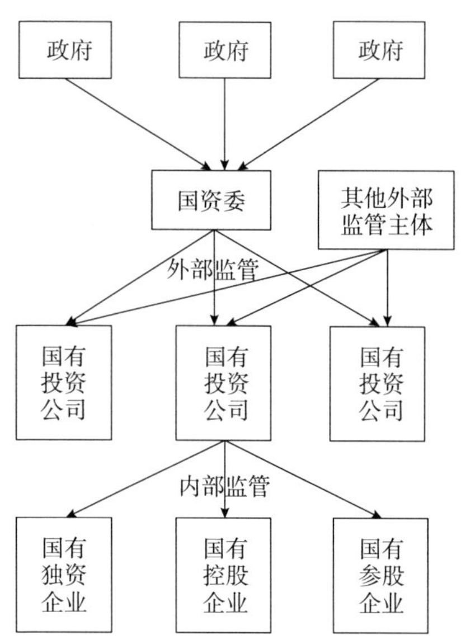

图 10-2 国有投资公司的监管层次

资料来源：笔者绘制。

阶段的国有投资公司相比，国际上有一批历史更悠久、运营更成熟的国有投资公司。深入了解这些优秀公司的监管体制与成功实践经验，对完善我国国资管理体制具有很大的借鉴意义。

（一）新加坡淡马锡控股公司（Temasek）

1. 公司概况

1965 年，新加坡正式独立。由于建国初期的新加坡经济基础薄弱、私人资本投资能力不足，因此，政府创办了一批隶属财政部的国有企业，对一般企业无力涉足的钢铁、造船、石油化学等重化工业领域进行投资。1974 年，新加坡政府决定由财政部负责组建一家国有公司，负责持有及管理之前由新加坡政府所持有的投资与资产——淡马锡公司由此诞生。淡马

锡在新加坡公司法令下成立并据此运作，它既不是法定机构，也不是政府机关。根据当时政府的委托，新加坡开发银行等35家国联企业①的股权（总值约3.54亿新元），被授权由淡马锡公司负责经营。淡马锡成立之初，新加坡政府赋予它的目标是发展国家的能源、运输等事业并且从事社会公共事业的投资和建设，从此淡马锡成为代表新加坡政府投资这些项目的重要平台。

2009年8月25日，淡马锡宣布修改2002年制定的“淡马锡章程”。这是公司在2002年以来首次改动宪章，2002年制定的第一版章程对淡马锡的定位是：“政府通过淡马锡，需要持有并控制那些有关新加坡安全、经济利益和公共政策目标的公司。”新章程中删去了这句话，取而代之的是：“淡马锡是按商业原则管理的投资公司，其目的是为各利益相关方创造和提供可持续的长期价值。”新的淡马锡宪章指出：“淡马锡是积极的、以价值为导向的投资者，是积极的股东。”

公司章程的修改体现出淡马锡功能定位的转变，新章程的出台使其作为价值主导型投资者的定位更加明确。将公司的使命与新加坡政府的利益区分，更有利于淡马锡开展海外投资。大多数国家都对其他国家的主权财富基金保持着一定的戒备和抵触，修改公司章程更加符合商业化运作规范，淡马锡去政府化向商业化转型能够在一定程度上缓解这种抵抗情绪，推动其向海外的扩张。淡马锡在投资收益和股东回报不断提升的同时，海外扩张也取得了显著成效，海外投资主要分布于经合组织（OECD）成员国。截至2014年3月31日，淡马锡在新加坡和中国的投资比例分别为31%和25%，新加坡以外的亚洲地区与新加坡国内投资比例分别为41%与31%。从行业上看，金融服务业吸引到的投资比例最高，其次是电信、媒体与科技行业以及交通与工业行业。②

① 新加坡将有国有资本投入或者参与的企业称为“国联企业”或者“政联企业”。

② 《淡马锡年报2014》。

2. 外部监管模式

（1）政府监管体制。淡马锡是一家遵循《新加坡公司法》规定而成立的商业性投资公司，新加坡财政部拥有淡马锡100%所有权。新加坡以宪法的形式来界定淡马锡与政府及总统之间的职能定位。《新加坡宪法》规定，淡马锡接受总统指令制约，同时，必须着眼于新加坡长远利益来管理其投资，实现资产保值增值；董事会成员及总裁的任免由董事会下设的提名委员会向股东即财政部推荐，再由财政部向总统顾问委员会提名，由总统批准任免；在获得新加坡总统同意的前提下，股东有权任免董事会成员或延续其任期；董事会和总裁一经任命即拥有自主经营决策权，确保避免政府不当地干预企业的具体经营管理。

在董事会的指导下，淡马锡完全依照商业规则来持有和管理资产。《新加坡宪法》规定，淡马锡是第五附表指定机构[①]之一，有宪法责任保护累积的过去储备金。根据《新加坡宪法》的规定，淡马锡在提取过去的储备金之前必须先征得总统的批准。除非关系到淡马锡过去储备金的保护，不论是新加坡共和国总统或股东新加坡政府，均不参与淡马锡投资、脱售或其他商业决策。财政部对淡马锡赋予了相当大的经营自主权。作为自主经营的国有投资机构，淡马锡的独立市场主体地位甚至得到《新加坡宪法》的确认和保护。在淡马锡的内部运营管理方面，董事会有权决定公司经营的大政方针、股息分配及配股等事宜。公司在投资决策、资金使用等方面也享有完全的自主权，不受财政部的制约。若确属国家需要，政府部门又提出要求，政府应对公司由此造成的亏损给予相应的补偿，公司才予以接受。

（2）信息披露制度。淡马锡最初的成立目的是，设立专门部门收集国有企业的经营状况信息，并让财政部和内阁清楚掌握这些公司的表现。新

① 依据《新加坡宪法》授权的第五附表实体包括负责管理新加坡政府储备金的新加坡政府投资公司。其他依据新加坡宪法对其各自储备金享有宪法保障的授权实体均为法定机构，如中央公积金局、新加坡金融管理局、建屋发展局和裕廊镇管理局。

加坡曾经是英国殖民地，独立后延续了英国的普通法传统，对于主权财富基金的运作采取普通法系中的“封闭公司”形式。这种类型公司股东较少、对信息披露的法律要求低。根据《新加坡公司法》第 50 章，淡马锡是一家享有豁免权的新加坡私人公司①，可豁免向公众披露任何财务信息。

自何晶 2002 年任总裁以来，非常重视公司透明度和海外发展。何晶认为，只有让外界全面了解淡马锡，才能使其在国内外资本市场上募集到资金，服务其外向型发展战略。2004 年 10 月，淡马锡发布了有史以来的第一次年度财务报告，这一做法极大地提升了公司透明度。根据美国主权财富基金研究院（Sovereign Wealth Fund Institute）的统计，2010 年第一季度主权财富基金透明度排名中，淡马锡以十分满分并列第一位②。

（3）社会监督体系。政府还鼓励新闻媒体公开侵吞国家财产和贪赃枉法的行为。淡马锡是媒体聚焦的对象，同时，下属很多公司的经营业务与普通百姓的日常生活息息相关，如民航、地铁、电信、港口、码头等。因此，公司的重大举措经常见诸报端或在电视上亮相，这就迫使淡马锡在涉及公司重大业务的决策时非常慎重。另外，社会公共监督也是非常有效的。为了防止由于信息不对称可能导致的控制问题，新加坡法律规定，国有企业无论上市与否，其基本情况都应当公开，任何机构或个人，只需交纳很少费用，都可以在注册局调阅任何一家企业的资料。这样，公众舆论就对国有企业经营起到了一定的监督作用。由于舆论的无孔不入，任何违规的冒险都将付出很高的成本和代价。

3. 内部监管模式

（1）集团管控模式。作为股东的淡马锡严格遵循《新加坡公司法》，按照市场经济规则，参与下属公司的公司管理，但不参与下属公司的投资与日常经营活动。淡联企业独立经营、自负盈亏，决策和管理日常经营活

① 根据《新加坡公司法》（第 50 章），一家享有豁免权的私人公司，不得拥有超过 20 位股东且其股权不被任何公司拥有，并且无须向政府注册部门申报其经审计的财务报表。

② Linaburg-Maduell Transparency Index. Sovereign WealthFund Institute. http：//www. swfinstitute. org/statistics-research/linaburg-maduell-transparency-index/.

动由其自己的董事会和总经理负责。淡马锡作为产权代表，对其下属子公司的经营活动负有监督管理的责任，以确保资产增值。作为积极的投资者和所有者，淡马锡通过增持、减持或维持现有投资来管理淡联企业，以提高经风险调整后的长期回报。

作为股东，淡马锡在淡联企业中推行健全的公司治理制度。企业的董事会都是按照《新加坡公司法》的要求，由股东大会选举的董事组成的，淡马锡则根据自己在淡联企业中的持股比例推荐董事人选。在淡马锡持股比较高的淡联企业中，其董事会主要由董事会主席、淡联企业提名的董事、淡马锡提名的董事以及政府部门委任的董事等组成。淡马锡对淡联企业董事会赋予很大的权力。由于董事会成员负有保障他们各自公司利益的责任，淡马锡主张董事会独立于管理层，以实现有效的监督。

淡马锡将所有淡联公司按性质不同，划分为三大类：A 类企业、B 类企业和其他类企业①。A 类企业为政府拥有并监控的企业，主要包括国家重要资源类和公共事业类企业，如水资源、能源、煤气网络、机场和港口等企业，除此还包括博彩业、大众传统机构、医疗、教育、住宅类企业。对于这些企业，淡马锡在其中占股份为 100%或持有多数股份，行使新加坡政府对这类企业的管理和控制权。B 类企业为具有国际/区域发展潜能的企业。这类企业主要是那些有潜力向本区域或国际市场发展的企业。淡马锡支持这类企业以合并、整合、收购以及整体出售等方式或通过发行新股以减少原有股份的办法，来推动它们向国际化发展。对于其他类企业，淡马锡的战略是精简整合，淡化投资。创立至今，淡马锡已逐步淡出与新加坡整体经济战略不符或与公司营运宗旨不符的企业，从一些非核心业务中淡出，并将持有的一些公司挂牌上市。

（2）董事会制度。淡马锡实行以董事会为核心的公司治理结构。强有力的董事会有效地抵制了各种有害的外部干预，抵制了来自政府的官僚体系的羁绊，从而保障了公司的市场化运营。淡马锡董事会成员的组成分为

① 莫少昆、余继业：《解读淡马锡》，厦门：鹭江出版社，2008 年版。

股东董事、独立董事和执行董事三种。[①] 股东董事来自财政部的出资人代表和政府的高级公务员由新加坡政府委派，代表出资者利益，其薪酬由政府支付。财政部的常务秘书、新加坡金融管理局局长、财政部总会计师、新加坡贸易发展局局长等都曾担任淡马锡公司的董事。独立董事由商业经验丰富的民间企业或跨国公司的优秀企业家担任，全都按照市场价值和原则聘请，他们的加入确保了淡马锡在世界范围内进行资本运作和各种投资的有效性和准确性。如果这位独立董事所拥有的其他利益与淡马锡的利益相冲突，他将被禁止出席淡马锡董事会，以使董事会保持一种客观公正性和做出独立判断的能力。执行董事来自淡马锡的管理层或淡联企业的领导层，负责执行公司的发展战略。

董事会下设执行委员会、审计委员会、领袖培育与薪酬委员会，[②]每个委员会的主席均由一名独立于管理层的非执行董事担任。执行委员会被授权在规定限额之内批准新的投资与脱售决定，超过规定限额的交易则由董事会审议批准。执行委员会提供会议记录供董事会成员传阅。审计委员会全部由独立董事组成，其职责是审查内控体系、财务报告流程、审计流程以及法律条例合规性的监控流程等，以协助董事会履行其监督职责。领袖培育与薪酬委员会负责向董事会推荐董事及管理层的领袖发展计划，包括董事、首席执行长的继任计划，以及提供有关业绩衡量与薪酬计划的指导方针与政策。淡马锡管理层的最大职责就是对董事会于各委员会做出的决策予以有效的执行，力求股东回报最大化。

董事会和委员会会议的决议采用简单多数票的方式，成员可通过电话或视频会议方式参加表决。若赞成与反对票数相等，董事会或委员会的主席有两次投票权或决定票的投票权。通过传阅文件而获得董事通过的决议案，则须至少 2/3 的董事批准方可生效。若董事的利益与淡马锡的特定利益有冲突，他们会被要求回避相关信息流程、商议与决策制定。董事会的

---

①② 《淡马锡年报 2014》。

季度会议还包括只限非执行董事参与而管理层不参与的“执行会议”。每年的首席执行长继任审核工作也在“执行会议”的议程之列。

（3）风险控制体系。淡马锡的风险管理框架涵盖战略风险、财务风险及运营风险。淡马锡指定专人在公司或部门层面负责管理特定风险，重大决策如风险政策、高额注资和脱售，则由董事会决定。淡马锡的战略风险包括投资的政治风险、资金流动性风险和结构性外汇风险。针对战略风险，淡马锡实行的是调整投资组合，使之在地区、行业的分布上更加平衡，对此，其资源管理部门会监控、分析某区域每一周内所发生的特殊事件、经济政策、政治走向等任何可能影响投资决策的行为。财务风险包括市场风险，如在各项投资中要考虑利率、股票价格等的变化，同时还有信用风险和投资风险，例如资产配置和集中度。对于财务风险，淡马锡责成风险控制部门每个月对集团的全部投资做一次评估，对其所属基金管理公司的风险则要每日进行评估。运营风险是指在淡马锡的整个运营过程中，所有的人员、程序、制度、法律和信用等承担的风险。运营风险的控制主要由淡马锡内部审计和内部法律部门完成，内部审计部门每 18 个月对公司各个部门轮流审计一次，法律部门则对集团每个部门的守则情况进行监督与监察。

4. 经验总结

淡马锡的成功模式表明，如果国有企业能在商业化运营活动中淡化政府色彩，能将国资职能进行清晰的界定和划分，在社会性职能和经济职能之间取得一种平衡，则有可能获得和民营企业一样好的组织绩效。

（1）针对国有企业惰性问题，淡马锡的成功经验在于市场化运作，择优汰劣。淡马锡坚持市场化的经营理念，恪守商业性的经营原则，以股东利益最大化为目标，严格遵循商业化原则，坚持市场化的经营理念，把自身置于大市场中，提升自己的竞争力。淡马锡完全按市场方式经营，拥有充分的自主权，政府通过向淡马锡委派董事控制人事权，通过讨论公司经营绩效和投资计划、审阅财务报告等，把握企业发展方向，并通过直接投资、管理投资以及割让投资等方式，保证国有资产保值增值。淡马锡通过加强董事会建设来实现对相关企业的有效监督和管理，不直接介入相关企业的经营和决策，淡联企业同样享有充分的经营自主权，完全按照商业原则运作。

（2）针对国有经营者素质及积极性问题，淡马锡的成功经验在于从国际人才市场上完全市场化地选拔经营人才，薪酬水平与国际接轨。淡马锡管理层拥有一批面向全球招聘、熟悉不同行业投资环境的专家，通过与外部专家维持良好的合作关系和进行广泛的交流，并综合公司内、外部专家的意见，淡马锡能有效监督和判断旗下公司的经营业绩。淡马锡也会帮助淡联企业寻找高素质、商业经验丰富、多元化、国际化的董事人员，为淡联企业建立价值观、拓展重大业务、培养人才和制定发展战略目标提供支持。

（3）针对政府对国有企业监督不到位问题，淡马锡的成功经验是国有信息公开化，同时，公务员董事不从企业领薪酬。自2004年开始，每年发布的《淡马锡年度报告》都成为淡马锡的“公开记分牌”，可供大众查阅。公开指标塑造并维护财务纪律，也促进淡马锡与更广大社群沟通。股东董事来自财政部的出资人代表和政府的高级公务员，他们由新加坡政府委派，代表了出资者的利益。他们不从淡马锡领取薪酬，其薪酬由政府支付，以此来保证其中立性。

（二）德国国有企业发展现状与监管体制

德国实行所谓的“第三条道路”——社会市场经济。政府按照市场原则，规范宏观经济秩序，同时通过直接投资和间接投资来维护社会公共利益，实现基础设施建设、公共资源配置和公共服务提供等目标。

1. 德国国有企业的基本状况

德国的国有企业被称为公共企业，分别属于联邦、州和市镇三级所有。联邦国有企业是指联邦政府包括联邦各部所有和联邦特别财产出资设立的企业。就某一个公共企业而言，既可以是某一级政府单独参股，也可以是三级政府共同参股。公共企业只存在于关系国家或地方重大利益的公共服务领域，而且其前提是没有其他方式可以更好或更经济地达到公共服务目标。联邦政府参股的领域侧重于交通运输、邮电通信等公共领域，州政府参与的企业主要包括能源、公路港口等基础设施建设企业，市镇地方政府参与的公共企业则主要投资于水、电、煤气生产等与居民生活相关的领域。

（1）经过私有化过程后德国公共企业投资项目数量保持相对稳定。第二次世界大战后，联邦德国使用马歇尔计划资金开展重建，形成了大量国有资产，政府投资广泛分布在汽车、化工、电子等支柱工业和金融、农业等领域，是大众汽车公司、汉莎航空公司、柏林工业银行、费巴（VEBA）等数十家大企业的控股股东。20 世纪 60 年代和 80~90 年代经济不景气时，德国一直将公共企业私有化改造视为充实公共财政、振兴经济的一种手段。这些私有化项目包括 1960 年德国大众汽车公司将 60%的资产变卖，VEBA 化学公司在 1965 年实行的部分私有化，以及汉莎航空公司在 1966 年上市后国有股权的逐步退出。80 年代中期，联邦投资企业达 4070 家，其中政府绝对控股企业 2135 家。固定资产投资、产值及就业人数分别占全国的 17. 2%、12. 5%和 8. 9%。80 年代后期，为解决财政赤字，同时推动政企分开、精简国家机构，联邦德国开始推行私有化政策，通过上市、出售股份等手段，大幅度降低了政府在大型工业企业中的股份。1988 年底，联邦德国有 3950 家公共企业，资本总额占工业资本总额的 16. 7%。而到 90 年代初，联邦德国公共企业数减少为 3700 余家，其资本总额占工业资本总额的比重却上升到 20%。1990 年东、西德合并后，联邦德国对东德的国有企业实施了大规模的私有化改造。至 1994 年底，私有化进程基本完成，共出售企业 6599 家、关闭清算 3718 家、物归原主 1599 家。同时，在全国范围推行邮政体制改革，在电信、邮政等国有资产集中行业引进市场竞争机制。1995 年，原联邦邮政局拆分为邮政股份公司、邮政银行和电信股份公司，之后分期上市，至2005年底，联邦政府在前两家企业中不再拥有股份，在德国电信公司的股份为15.4%。1991~2002年，联邦直接参股企业和联邦特别财产企业的总数由214家减少为120家，重要直接参股企业由136家减少为37家。联邦铁路、联邦邮政、联邦航空三大传统公共企业也先后成为混合所有制的股份公司。

2000年以来，联邦投资项目数量进入了相对稳定阶段，每年减少量从20世纪90年代的10个降至2000年以来的4个。至2005年底，联邦项目为108个，其中持股25%以上、注册资本超过5万欧元的大型项目33个，总注册资本184.47亿欧元。持股50%以上项目36个，员工27.1万人。如果算上各州及地方政府投资的企业，国有经济地位更加重要。据初步统计，各类政府投资项目雇员超过200万人，占德国总就业人口的4%。此后，德国联邦投资项目长期保持在100个左右。德国政府公布的2014年度经济报告显示，联邦投资项目为107个，大型企业[①]持股50%以上的为30家，25%以上的15家。可见，对于大部分投资项目，联邦资本并不谋求控股地位。

（2）德国公共企业依法存在且其合法性处于动态变化之中。德国公共企业的存在需要具备合法性。国有资本进入或退出某一领域是依据《联邦预算法典》第7条之“经济性与节约性”原则而确定的。如果某一领域存在重大的公共利益，并且没有其他方式可以更好、更经济地实现联邦所追求的目的，则国有资本应该进入该领域形成国有控股的公共企业。公共企业将被定期审查是否存在“重要的联邦利益”，以及国家参股相关企业是否是绝对必要。国家参股的合法性处于动态的变化之中，以前的参股可能失去合法性，而有些领域将获得参股合法性。如果私有产权的企业可以同样好地完成国家任务，联邦就退出这些领域的参股，如果联邦利益确实需要，国家就参股进入新的领域。例如，在一些容易产生垄断的领域（如港口、电缆等基础设施建设领域），政府鼓励私人企业进入，展开公平竞争，

① 年度报告中大型企业的标准为年度收益28500欧元以上。

当公共企业不能保证高质量的、有效率的服务时，则会退出该领域。

（3）德国政府直接投资项目减少，间接投资项目持续增加。近 10 年来，德国政府投资项目由联邦政府直接投资企业逐步向通过国有银行、子公司间接投资过渡。2005 年底，联邦政府大型间接投资项目为 369 个，是其直接投资项目的 3.4 倍，是大型直接投资项目的 11 倍。通过德国复兴信贷银行，联邦政府拥有德国邮政公司 44.7%和德国电信公司 22.09%的股份，并在银行、房地产等领域有大量投资。其全资子公司德国铁路股份公司对 200 多个交通企业进行投资，广泛分布在公路、铁路、轨道交通及物流等领域，其中，全资子公司斯廷思股份公司（Stinnes AG）和申克股份公司（Schenker AG）均跻身德 500 强企业行列。

最近几年，联邦政府直接投资项目继续减少，间接投资项目持续增加。目前，德国联邦政府间接投资项目为 656 个。随着间接投资项目的增加，联邦所占股份份额却在减少。目前，德国邮政联邦所占股份为 30.5%，德国电信政府直接持股 14.5%，由德国复兴信贷银行间接持股 17.4%。Schenker 仍为 DB 全资子公司，9.5 万名员工，190 亿欧元营业额，Stinnes 已改名 BahnAG，经营一些私有化的线路运输。现在德国复兴信贷银行的国内业务比较关注节能环保、创新、中小企业、市政设施和社会事业融资。

2. 德国国有企业的治理结构

德国公共企业公司治理的相关法律法规非常完善。1965 年，德国颁布了《股份公司法》，明确了股份公司的治理结构。包括国有股份公司在内的所有公司都依照这个法律设立和运行。2009 年，联邦政府又针对公共企业制定了《联邦企业和参股良好经营的原则》，包含《联邦公共企业治理准则》、《联邦企业参股良好经营指引》和《委任条例》三个部分。《联邦公共企业治理准则》的目标是使公共企业的经营和监管更加透明和易懂，将联邦作为股东的角色表达得更加清晰，同时提高优化公司治理的意识。同时，德国要求职工参与企业的经营管理，颁布了多种关于职工参与企业管理的法律，如《共同决定法》、《共同决定权修改法》、《企业法》和《雇员参与决定法》。

德国公司设置股东会、董事会、监事会，分别作为公司的议事机关、执行机关和监督机关，形成彼此权责分明、相互制衡的公司治理结构。德国公司股东大会实行“一股一票”制。在政府参股的公共企业中，私人股份也可以有较大的比例。在公私合营的状态下，为阻止个人一味追求经济利益而忽视公共利益，公司特设拥有否决权的少数股权，方便公共股份照顾到一些公共设施的大众利益。1998年德国颁布的《有关加强企业控制和透明度的法律》中，明文规定公司不得在任何情况下发行多数表决权股。这种立法模式的特点是，公司可以发行在财产权利上有差别的股份，但在投票权上，只允许将享有利润优先权的股份（优先股）设置为无投票权股，其他股份投票权比例一律相等①。德国采用“主办银行”（Hausbank）制度保护中小股东的利益。中小股东可以将投票权委托给主办银行，主办银行集中使用投票权，制衡大股东。这种现象主要与德国的全能制度有关。德国银行既是商业银行，又是投资银行。银行给企业的贷款在一定条件下可以转变为股权，再把股权出售给大众。中小股东再把股份委托给银行代为管理，这样股权是中小股民的，但是投票权留在主办银行，由主办银行参与公司的治理。

在德国的治理模式中，监事会是董事会的上位机关，由股东大会选举产生，代表股东行使决策权，负责董事会人员的聘任并监督董事会的活动。而德国的董事会具有公司高管层的职责，相当于美国公司中的管理层。德国公共企业也遵循这一治理原则。公共企业的最高领导和决策者不是董事会，而是监事会。监事会和董事会的人事和职权完全分开，监事会由股东大会选举产生。监事会的成员包括政府股东代表、私人股东代表和职工工会代表。德国通过立法对职工代表人数占监事会成员的比例进行了严格设定，针对不同规模的公司监事会规定了职工代表的具体占比，少则

① 托马斯·莱塞尔等：《德国资合公司法》，高旭军等译，北京：法律出版社，2005年版。

30%，多的高达50%。因此，职工对公司的监督作用不容忽视。董事会由监事会选举产生，设董事会主席，相当于我国企业的总经理，对企业具体经营负责。

德国的股份公司，以分工分权为基本原则，股东大会、监事会、董事会分工分权并互相监督制衡，形成了一个较规范的治理体系。监事会、董事会和经营班子，各自发挥了监督、管理和资本运营职能，该治理体系是与德国市场环境、社会结构和文化传统相适应的一种治理模式。

3. 德国国有企业监管体制

德国公共企业的监管机构包括财政部、主管部门、联邦审计署和联邦议会，这些机构各司其职、相互配合，共同构成了公共企业监管体系。德国联邦公共企业管理体系的特点表现为多层级管理，主管部门属于直接管理，联邦财政部属于间接管理，联邦审计署和议会属于监督管理。

德国的行业主管部门在公共企业去行政化的过程中承担的责任越来越少。为减少政府干预，德国从20世纪70年代对公共企业进行了去行政化改革。以联邦邮政局拆分为三个股份公司为例，改革之前由邮政局直接掌握的企业经营管理权下放给监事会，而邮政局只负责两件事：一是决定企业监事会成员；二是涉及公共利益的企业产品和服务的定价变化。目前，德国国有企业监事会的成员一半由股东选举，一半由主管部门指定。为确保改革推进，专门颁布了法律。根据德国法律，联邦直接或间接持有多数股份的企业在取得其他企业超过1/4的股份、增持该股份或者全部或部分转让该股份，以及变更注册资本、经营范围或者改变联邦的影响力时要征得主管部门的同意，而联邦主管部门在做出对联邦具有约束力的事实上的或法律上的决定之前需征得联邦财政部的同意。

联邦德国有关法律确立了财政部在国家行使国有资产出资人职能方面的中心地位。各级财政部门代表政府承担公共股本的所有者代表身份，对各行各业的公共企业进行统一管理和监督，但不直接干预企业的具体经营。财政部在管理国有企业方面设有三个司，其主要任务是：制定某些国

有企业管理政策和经济发展目标；了解掌握国有企业的经营发展状况；推荐监事会主席并通过监事会确定董事会人选；批准国有企业的设立、解散、合并、增资、出售以及国家参股企业的股份买卖；选择审计机构及审计人员对国有企业进行审计；对国有企业财务状况进行监督检查；国有资产的处置和国有企业私有化改造等。每年由财政部长主持召开一次联邦一级政府的公共企业管理部门会议，就国内经济状况、目标、存在的问题和财政政策进行总结报告，并就公共企业发展问题进行讨论。各级政府投资的公共企业，如具有公共事业性质的，财政部门对其税后利润不分红，其他企业则参与正常分红。

财政部主要通过监事会控制国有企业。虽然财政部不直接给企业下达指令，但通过对监事会成员的任免、控制资金的投入以及对企业财务进行检查，对企业发展施加影响。国有股东代表由财政部长选定，但主要来自私人公司的董事或经理、银行家和经济专家，政府官员很少。监事会主席由财政部长推荐，副主席由员工代表担任。监事会中所有员工代表由企业工会协商推选，但需报财政部审核。公司活动的重大问题只有取得监事会的同意，董事会才能作出最终决定。然而，德国的公共企业仍拥有相当大的经营自主权，无论是联邦政府还是州政府，其政策都是对其参股企业实施间接管理。企业的经营绩效主要是用市场指标来评价，而不是以实现政府政策目标所作出的贡献来评价。同时，政府也不绝对要求企业按照政府制定的目标组织经营，而是希望国有企业在与私营企业的市场竞争中求得生存与发展。

联邦政府对国有企业的财务监督主要由联邦审计署负责，联邦审计的依据是《联邦预算法典》（以下简称《法典》）。《法典》在规制公共企业中发挥了非常重要的基础性作用。《法典》规定，联邦的一切收支都应当编入预算案，联邦因公共企业的收支自然包括在内。根据《法典》规定，股权比例在25%以上的联邦和州政府股权投资，以及联邦和州政府拨款或兴建的项目，都要列入联邦和州政府审计法院的审计范围。对审计发现的问题，审计署无权处置，只有报告权和披露权。

联邦议会对联邦参股私法企业具有监督权。联邦政府要告知联邦议会关于联邦参股私法企业以及通过联邦政府进行参股管理的所有基本的和重要的问题，如果前述基本的和重要的问题涉及企业的设立、收购和转让或者改变联邦的现有参股以及转让重要的财产项目时要尽快予以告知。如果企业股份具有特殊意义，其转让未列在预算计划中，只有获得联邦议院和联邦参议院的同意后，才能转让该股份，除非存在令人信服的理由而作为例外。如果事先没有征得同意，那么事后要立即告知联邦议院和联邦参议院。

当公共企业盈利目标和公共服务目标发生冲突时，企业监事会、协调委员会、各级政府、议会等组织需进行各个层面的协调，协调无效时则可上诉至法院进行依法裁决。

4. 德国国有企业发展对我国当前国有企业改革的启示

（1）国有资本的商业化投资回报完全可以通过间接投资实现。当前，我国的经营性国有资本，大部分以直接运营企业的方式获得投资回报。在企业这一市场化竞争组织中，创新是企业生存和发展的根本。而由于特殊的治理结构，国有企业的代理人天然具有风险规避的倾向。换句话说，在国有企业，很少有人愿意承担创新失败的风险。因此，长期来看，国有企业的创新动能是缺乏的。因此，在大多数领域，当国有资本以直接经营性产权出现时，很难保证最高的投资回报率。如德国那样，当国有企业很难保证更高的效率时，就退出直接经营，转而通过参股私人投资企业而获得投资收益。国有资本间接投资的好处在于进退自如，产权主体可以根据投资对象的经营状况，决定增持、减持或退出，而且无须考虑治理问题。

（2）国有企业治理和监管需要加强立法保障。当前，我国国有企业治理仍然依照《公司法》进行结构设置，但国有企业特殊的监管要求，需要相应的治理安排与之相适应。国有企业的治理体系不仅要保障经营的自主性，还要明确分类治理和监管的原则和依据。而这些要求仅依靠《公司

法》和监管部门的暂行条例是难以满足的。德国的做法是：通过立法和出台法规的方式，明确国有资本参股和退出的条件、国有企业员工参与治理的方式以及外部监督和审计的制度安排。针对国有企业治理进行立法规范，是明确国有资本投资方向、明确监管责任、堵塞监管漏洞的根本保障。

（3）混合所有制企业完全可以兼顾公共利益和商业利益。当前，我国正在推进混合所有制改革。改革的难点之一就是涉及公共服务和基础设施领域的国有企业，在引入社会资本后，如何调和公共利益和商业利益的冲突。例如，运营港口、铁路、油气管道等基础设施的国有企业，在引入私人资本以后，为保障公共利益，可以像德国那样，特设拥有否决权的少数股权，即类似于"金股"制度的少数国有股权。这样既能保证产权主体清晰下的企业运行效率，又能防止公共利益受损。

（4）监事会只有具备足够的权威性和独立性才能切实发挥监督职能。可以看出，在德国企业的治理模式中，监事会是董事会的上位机关，其成员任免由国有资本的代表机构财政部负责，监事会负责董事会人员的聘任和监督。在这样的层级结构中，监事会代表持股股东和职工，有权利、有动力对经营者进行监督。这样的内部监督与外部审计监督结合起来，能够较好地解决"内部人控制"问题。在推进国有企业治理体制改革中，需充分结合我国实际情况，切实提高监事会的权威性和独立性，从而提高内部监督的有效性。

（三）美国田纳西河流域管理局（TVA）

1. 公司概况

田纳西河流域管理局（Tennessee Valley Authority，TVA）是美国在大萧条时期建立的政府完全所有型公司，它是美国最有代表性的国有企业之一。成立伊始，TVA 业务涉及田纳西河流域的 7 个州（田纳西、弗吉尼亚、北卡罗来纳、佐治亚、亚拉巴马、肯塔基和宾夕法尼亚州）的 125 个县，覆盖面积约4万平方英里，服务人口达200多万。经过近80年的发展，目前TVA已经成为美国最大的公共电力系统运营公司，服务范围包括田纳西州大部、阿拉巴马州北部、密西西比东北、肯塔基州西南部、佐治亚州北部、北卡罗来纳州西部和弗吉尼亚州部分地区在内的8万平方英里，为超过900万的人口提供低于国家均价的电能。同时，TVA也是一个区域经济发展机构和田纳西河流域的管理者。TVA还向覆盖范围内的155个能源公司和57家直接服务行业和联邦设施出售电能。

对田纳西河的治理和开发的问题由来已久，早在19世纪30年代，政府与和私人公司都曾经有过一些尝试，遗憾的是这些尝试都没有达到预期的效果。到了20世纪20年代末，大萧条对资本主义市场机制猛烈一击。时任美国总统的罗斯福需要创新性的办法使国家走出大萧条的深渊。加之，有TVA之父的诺里斯议员的大力游说，TVA顺理成章地成为罗斯福后来"新政"中极具创新性的想法之一。他要求国会"创立一个有着政府权力外衣但是又兼具私营企业的灵活性和创新性的公司"。1933年5月18日，国会通过了TVA法案，TVA作为全新的机构诞生了。TVA建立了一种独特的问题解决方法来达成其使命——资源综合管理。TVA面临的所有问题，不管是电力生产、航行、防洪、预防疟疾、重新造林还是防治水土流失，都被放置于一个更广泛的情景下进行研究，而在此之前的各种政府机构都试图将地区发展规划与改善河流航运的目标分开管理。

《TVA法案》规定，TVA作为一个拥有独立法人资格的国有企业，法律赋予它联邦政府机关的权威，同时又具有私营企业的经营自主权。该法第23条具体列出了TVA的6项开发任务：①最大限度地防洪；②最大限度地开发田纳西河的航运能力；③在兼顾防洪与航运的同时，最大限度地生产电力；④合理利用贫瘠土地；⑤在田纳西河流域适宜植树造林的地方，以适当方法植树造林；⑥为田纳西河流域居民提供经济社会福祉。

2. 外部监管模式

（1）法律制度体系。TVA法案是TVA的宪章，对TVA各个方面的工

作有着最大程度和最全面的约束。尽管 TVA 法案在 TVA 成立后到现在的近 80 年的时间里，经过了若干次的修改，但其最初对 TVA 运行方式的设定框架并没有随着环境变迁发生大的变化，TVA 也一直在这样的框架下运营着。

从内容上看，TVA 法案主要对 TVA 的五个方面进行了规定：①对 TVA 日常工作机制的建立方面的规定，主要包括 TVA 法案的性质和用途（TVA 的主要任务），TVA 的治理结构，TVA 作为一个法人的权利，TVA 董事会的主要的权利、职责和义务。②对 TVA 的完成自身使命的具体工作内容和方式、所需要的具体权利及其边界、需要履行的特定义务的规定，这些条款所占比例最大。③对 TVA 运营中的一些特定时间、特定地点的特定事务也进行了规定。④对 TVA 以外的主体（主要是总统）对 TVA 的某些业务进行管理的权利和义务进行了规定。⑤对法案本身的特殊性进行的规定。

TVA 除了受 TVA 法案的约束外，还受到其他一些通用法律的管理。TVA 对美国国有企业一般遵守的 15 项法律的约束情况如表 10-1 所示。

表 10-1　TVA 对受 15 项法律的约束情况

法律名称	约束情况
《1974 私有法案》	完全遵守
《1966 信息自由法案》	完全遵守
《政务公开法案》	完全遵守
《美国法典》第 5 部分第 51 章	不遵守，但实施的一种替代机制达成法律要求的目标
《美国法典》第 5 部分第 53 章第 3 款	不遵守，但实施的一种替代机制达成法律要求的目标
《1949 年联邦财产和管理服务法案》	遵守法律部分要求，同时实施的一种替代机制达成法律要求的目标
《联邦民事侵权索赔法修正案》	不遵守，但实施的一种替代机制达成法律要求的目标

续表

法律名称	约束情况
《1982年联邦经理金融一体化法案》	不遵守，但实施的一种替代机制达成法律要求的目标
《反亏空法》	遵守法律部分要求
《1945年政府公司控制法案》	遵守法律部分要求
《1993年政府成效和评估法案》	完全遵守
《1990年首席金融官法案》	不遵守，但实施的一种替代机制达成法律要求的目标
《1978年监察长法案》	完全遵守
《1990年联邦信用改革法案》	不遵守，也不接受法律要求
《1978年政府道德法案》	完全遵守

资料来源：Government Corporations：Profiles of Existing Government Corporations 1995［R］. Washington D. C：Office，General Accounting，1995.

（2）政府监管体制。

1）国会。TVA是根据国会立法成立并以该法律规定的方式运营的政府公司。国会有权立法扩大或缩小TVA的活动范围，变更结构甚至将其解散。国会还可以立法出售TVA运营的部分或全部资产或者削减美国政府对其的所有权。在日常运营方面，TVA董事会应在每年的12月向国会提出财务报告和包括前一财政年管理局业务的完整报告。

国会通过两个委员会对TVA实施其他方面的监督：参议院的环境与公共工程委员会与众议院代表的交通和基础设施委员会的水资源和环境小组委员会。环境与公共工程委员会有对联邦建设工程、州际调整公路系统、洪水整治和航运工程、空气和水污染控制、农村和社区经济发展、自然灾害救济、害虫、鱼类和野生动物保护以及对非军事核设施管制相关事务的司法权。水资源和环境小组委员会有与水资源发展、保护和管理、水污染控制、水利基础设施和危险废物清理相关事务的司法权。

2）政府问责办公室（GAO）。政府问责办公室是国会的审计机构，它

也会按照国会成员的要求对 TVA 各项活动和计划进行审计。考虑到 TVA 目前已经成为完全自筹资金的经济实体，政府问责办公室要对 TVA 的三个方面进行调查：①TVA 的工厂如何满足未来电力需求，以及 TVA 的资源计划和预测与其他来源的资源计划和预测如何进行比较。②TVA 应用能源效率来满足电力需求的努力。③TVA 的财务状况及其如何影响 TVA 满足运营和财务目标的能力。调查数据一般来自 TVA 和第三方提供的数据，TVA 的文件以及对联邦和州官员和产业利益相关方进行访谈。

3）州政府。美国宪法最高条款规定未经国会同意，各州禁止以联邦政府开展活动的方式进行管制。作为联邦机构，除了一些特定领域外，如空气和水质量控制这些国会给予州政府管理联邦活动的有限的权力外，TVA 免除州政府的其他管理、控制和征税等职能影响。

（3）行业监管体制。

1）证券与交易委员会（SEC）。1934 年，《证券交易法案》第 37 条规定，如果 TVA 是一个根据该法案第 12 条注册的证券发行商，TVA 向美国证券交易委员会提交的定期的、当前的和补充性的资料、文件或报告等材料，必须以该法案第 13 条为根据。《证券交易法案》第 37 条规定，TVA 可以免于遵守该法案第 10 条 A（m）（3）条款，该条款要求上市发行公司的审计委员会的每一个成员都是发行企业的董事会的独立成员。由于 TVA 名义上是美国政府的一个机构，TVA 发行或担保的证券属于 1933 年证券法案中的“豁免证券”（Exempted Securities），无须该法案注册就可提供或出售，当 TVA 发行的证券没有独立的受托人时，也不受 1939 年信托契约法案的约束。另外，TVA 发行或担保的证券也是《证券交易法案》中的“豁免证券”和“政府证券”。

2）联邦能源管理委员会。《联邦电力法案》中，TVA 并不属于投资者拥有的“公共事业”。因此，联邦能源管理委员会不能施加《联邦电力法案》中的完全司法权。然而，TVA 被《联邦电力法案》定义为电力和传输公司，因此它在某些方面受联邦能源管理委员会的监管。尽管未被要求，

TVA 还是在不与 TVA 应尽义务相冲突的方面自愿选择执行了许多联邦能源管理委员会的命令和规章。尽管联邦能源管制委员会对 TVA 的一些活动有管制权，但 TVA 一般不用遵守其颁布的管理条例。

3）核管理委员会。核管理委员会是一个独立的机构，设置了许多放射性物质使用者必须遵循法规。TVA 运营的核设施处于高度的管制的环境中，并服从核管理委员会的监管。核管理委员会对核设施许可发放，运行和退役等方面拥有广泛的权力。此外，如果 TVA 没有遵守核管理委员会的相关规定，委员会有权处以罚款、关闭设施或修改、吊销或废除 TVA 的营业执照。

4）环保署。TVA 在许多领域要遵守环保署的规定，包括空气质量控制、水质量控制和管理和处理危险废弃物。

3. 内部监管模式

（1）董事会制度①。TVA 在组织结构上采用董事会制。每位董事均由美国总统提名、国会批准。TVA 董事会全员情况下包含 9 位兼职董事，每位董事任期为 5 年。9 位董事至少有 7 人必须是 TVA 服务区的法定居民。董事会设主席 1 名，由董事会成员选出。董事会每年定期举行 4 次董事会，并在需要时由董事会主席或者董事会多数成员发起召开特殊会议。董事会应由董事会主席主持；在主席不能主持的情况下，由主席委任一名董事会成员主持；如果没有这样的委任，则由治理委员会主席主持会议。

TVA 董事会的职责包括：建立董事会目标、公司目标和政策；制订长期发展计划，以实现公司和 CEO 达成各种目标和政策；批准公司预算；采纳并向国会提交适用于董事会成员和公司员工的利益冲突政府；制订和批准公司员工补偿计划；确保公司各项活动符合相应法律；设立与公司管理完全独立的、完全由董事会成员组成的审计委员会；建立董事会适当的职能委员会；在有关电费和服务区经济、社会和环境等议题方面召开听证会；为公司电能定价；参与公司外部审计的服务。董事会可以在法律允许

① TVA 法案 1933 及其修订版。

的范围内，将董事会的权力授权与 CEO 或者公司其他行政人员。

TVA 董事会成立了审计、风险和法律委员会，主要行使以下三个方面的职责：①与该公司的总检察长（the Inspector General）协商，向董事会提出外聘审计建议。②接收和检查公司外部审计和总检察长的报告。③委员会认为必要时向董事会给出检查建议（Make such Recommendations to the Board）。此外，TVA 董事会还建立了其他委员会，如资金、价格与投资组合委员会、消费者与外部关系委员会、员工与绩效委员会以及核监管委员会等。

（2）内部控制体系。

1）审计委员会。TVA 董事会建立了审计、风险与管制委员会。委员会负责向董事会推荐外部审计、监管审计工作、检查外部审计的和总检查员的报告和其他活动。

2）独立审计。独立审计按上市公司会计监督委员会（美国）标准和由美国审计总属（the Comptroller General of the United States）颁布的《美国政府审计准则》对 TVA 的财务报表进行审计。审计员就报告是否与美国通用会计制度（GAAP）相一致提出意见。

3）独立总监察（Independent Inspector General）。独立总监察是一个独立的总监察办公室（OIG），负责按照整合了美国会计师协会（AICPA）一般公认审计准则的政府审计标准来处理 TVA 正在进行的经营和财务事务。该办公室有包括 50 多名审计员在内的约 105 名员工。TVA 的总监察长（Inspector General）由美国政府任命。办公室就其审计和调查工作向国会提供半年报告。另外，TVA 总监察办公室的同行评审审计每三年进行一次，由另一个联邦总检察办公室来实施。

此外，TVA 还建立了自己的信息披露和财务道德守则，它适用于所有行政人员（包括行政总裁、首席财务官和总会计师）和 TVA 的董事以及所有与季度报告或年度报告相关或负有内部控制自我评估责任的员工。财务道德守则中包括的条款涉及利益冲突，道德行为，适用的法律法规和规章，全面、公正、准确、及时、易懂的信息披露责任和遵守财务道德守则的责任。

4. 经验总结

（1）严格执行 TVA 法案。美国政府对国有企业的管理一般是通过专门立法来实现的，也就是采取“一企一法”的监管模式。就 TVA 来说，TVA 法案对 TVA 运营的各个方面进行了详细而严格的规定。美国政府采取对国有企业进行专门立法来进行管理的一个重要原因在于，美国具有完善、健全、严格执行的法律体系。一旦企业违反了法律，后果是极其严重的。这既保证了 TVA 在运行过程中严格按照法律的要求行事，同时也需要立法者对法案内容设计要宽严有度，且具有高度科学性和前瞻性。因为如果法律对 TVA 的运营规定得过于细致，那么 TVA 的自主经营权会被一定程度地削弱。另外，如果法律对 TVA 的约束过于放松，就无法确保 TVA 向着预期方向发展。而且，一旦法律发生效力，就会得到企业和政府等主体的彻底执行。为此，TVA 法案一方面赋予了 TVA 的一些行政特权，另一方面又给予了 TVA 相当高的自主经营权，实现了特权和自主权的有机统一。

（2）国会和总统直接管理。TVA 是一个特殊的国有企业，它在拥有多项行政权力的同时，又具有高度的独立自主经营权。为此，美国政府采取了多种监管措施，在尽量保证其经营独立性的同时，最大限度地提高 TVA 运营的透明度，以使其体现自身的价值。TVA 最大的管制主体无疑是国会。TVA 是根据国会立法成立并以该法律规定的方式运营的政府公司。国会有权立法扩大或缩小 TVA 的活动范围，变更结构甚至将其解散。国会还可以立法出售 TVA 运营的部分或全部资产或者削减美国政府对其的所有权。此外，国会还对 TVA 的运营起着监督的作用。TVA 董事会应在每年的 12 月向国会提出财务报告和包括前一财政年管理局业务的完整报告。此外，三权分立的另一方——美国总统也对 TVA 的运营有一定的管理权力，例如，TVA 的董事会任命都必须由总统提名，再由国会批准。

（3）专业化的决策机构。实际上，TVA 的经济与社会总成就与其董事会成员的组成和素质是紧密联系的。TVA 的使命体现了多重目标（包括经济、社会和环境目标），因此，TVA 的董事会成员大多是各方面的专家，如第一任董事会的主席 A. E. Morgan 是水利建筑师，成员 H. A. Morgan 是农业教育专家，D. E. Lilenthal 是哈佛大学的高材生。以后历届的董事会成员有电力工程师、能源政策专家、企业管理专家、人事组织方面的专家等。TVA 这种决策机构的多元化奠定了多元的决策机制，这恰好与 TVA 的多重目标相吻合。

三、中国发展现状与存在问题

我国国有投资公司产生于 20 世纪 80 年代后期，以 1988 年成立六大专业国有投资公司为标志，其诞生的意义在于推动我国从计划经济向市场经济转型，服务于投融资体制改革和国有企业改革。目前，我国主要存在三种类型的国有投资公司，即承担产业投资功能的国有投资公司、承担国资运营功能的国有投资公司，以及服务城市经济发展的国有投资公司。与国际上的成功案例相比，我国国有投资公司在监管体制方面还存在许多不足。

（一）我国国有投资公司的发展历程

1. 探索起步阶段（1988~1993 年）

中共十一届三中全会召开以后，我国进入了改革开放的历史新时期，党和国家的工作重点转向以经济建设为中心，而经济建设的方向则是从计划经济向市场经济转变。为了提高国家财政资金使用效率，我国从 1979 年开始试行，并从 1984 年正式推行国家预算内基本建设投资由拨款改为贷款，简称为“拨改贷”，并下放投资审批权，成为固定资产投资管理体制的重要改革。一方面，国家财政拨款改为“拨改贷”后，企业不再享有无本无息财政拨款的权利，企业贷款需要还本付息，增加了企业的资金压力；另一方面，随着投资审批权下放到地方，建设、投资行业大发展，导致投资总量的迅速扩张，银行贷款需求增加，货币超发导致通货膨胀。加上投资结构的不合理，重点项目资金不到位，资金利用效率低下。

为了解决“拨改贷”和投资审批权下放带来的问题，1988 年我国进一步推动投融资体制改革，出台了《国务院关于印发投资管理体制近期改革方案的通知》（国发〔1988〕45 号）。一方面，为了提升“拨改贷”的资金运用效率，提出“成立投资公司，用经济办法对投资进行管理”，由投资公司掌握国家资金，回收资金成为投资公司的资金，以滚动发展，增加投资公司的积极性，解决企业的资金压力，同时提高国家资金的运用效率；另一方面，为了将政府各主管部门分散的投资决策权和基本建设资金集中起来，1988 年在中央一级成立了能源、交通、原材料、机电轻纺、农业、林业六家国家专业投资公司，地方也相继成立了投资公司。至此，我国投资领域结束了完全计划时代，计划权和投资权开始分离，我国投资开始向市场化迈进。中央预算内基本建设投资开始实行“基本建设基金制”，并将建设基金划分为经营性基金和非经营性基金，除了非经营性基金仍然由国家计委调配，经营性基金则交由六大专业投资公司进行管理运营。

在探索起步阶段，国有投资公司的投资业务范围主要是实业领域，由于受制于产权转让的约束，国有投资公司还未能实现资本经营。国家六大专业公司按照其所在领域和产业，配合国家政策进行实业股本投资，投资项目主要是政府重点项目、在建项目。由于此时的国有投资公司受到政府计划管理，主要为了配合政府决策进行投资，因此投资的业务领域根据国有投资公司所属政府部门的经济决策不同而有所不同，主要是配合政府决策进行重点项目的投资。这一阶段，国有投资公司的资金来源主要来自财政拨款、纳入预算的专项建设基金、国家和各级财政部门对所需资金的拨付。1994 年，国家六大投资公司所属业务被合并成立政策性的国家开发银行后，国有投资公司可以从政策性银行获得贷款资金。

2. 调整发展阶段（1994~2002 年）

1988 年以来的投融资改革虽然确立了国有投资公司的法人地位，对我国投资权限、投资职能进行了重大调整，但存在政企分离不够、投融资没有分离等突出问题。1993 年，中共十四届三中全会通过了《中共中央关于建设社会主义市场经济体制若干问题的决议》（以下简称《决议》），明确提出要建立社会主义市场经济，深化投资体制改革，要求实现投融资分离和政企分开。该《决议》明确了企业法人投资和银行信贷的风险责任，并开始实现投资公司业务的合并，以及贷款、投资业务的分离，国有投资公司开始了第一次分化。一部分国有投资公司向开发性银行发展，专门进行融资、贷款；另一部分则发展为投资公司，自主进行投资决策、资本经营、自负盈亏。

在中共十四届三中全会掀起的投融资体制改革浪潮下，1994 年 4 月，国家开发银行正式成立，并作为政策性银行成为重要的融资主体，专门向政府经济发展计划和产业政策支持的重点项目提供融资。与此同时，国务院同意撤销六大国家专业投资公司，原有人员和回收的部分资金进入国家开发银行。同年 8 月，国务院批复了《国家开发投资公司组建方案》，决定新组建一个人员精干的国家开发投资公司。1995 年 5 月，国家开发投资公司正式成立，成为了真正意义上的投资公司。同年 11 月，中国投资协会得以成立，成为促进深化我国投资体制改革和投资业健康发展的重要推动者。在中国投资协会的带领下，国有投资公司开始了以市场化为导向的自主投资之路，探索以市场为导向，自主选择和投资项目，自负盈亏，这使国有投资公司投资总额大幅增长，资产规模大幅扩张，企业数量也有了明显增加。由此，国有投资公司进入调整发展阶段。

在调整发展阶段，国有投资公司实现了投融资功能分离，以实业经营为主的同时，开始向资本市场和金融市场渗透，开展资本经营与实业投资双轮运营。这一阶段国有投资公司的投资方向仍然是以实业为主，以国家产业政策、区域布局政策为导向进行投资，强调基础设施建设、高新技术产业投资，体现政府发展经济的意图。同时，不失时机地向资本市场和金融市场渗透，在进行实业经营的同时，还开展资本经营，扩大筹资渠道，壮大自身实力。在这一阶段，国有投资公司的运营资金主要来源于财政拨款、政府债务投入、存量资产划入、存量资产转让、投资企业收上来的利润，企业资产包括还委托借贷，只有小部分是经营所得。费改税后，国有投资公司依靠经营收入投资经营，经营所得所占比例增加，国家财政拨款等公共资金划拨比例有所下降。

3. 改革跨越阶段（2003~2013 年）

2002 年，中共十六大报告提出，国家要制定法律法规，建立国家统一所有，中央政府和地方政府分别代表国家履行出资人职责，享有所有者权益，权力、义务和责任相统一，管资产和管人、管事相结合的国有资产管理体制。2003 年 3 月，国务院国有资产监督管理委员会（国务院国资委）正式成立，积极探索破解国资管理“五龙治水”的难题。国务院国资委的成立，意味着国有投资公司多头管理的混乱局面得以结束，国资委代表政府对国有投资公司履行出资人职责，对按照管资产和管人、管事相结合的方式对国有投资公司实行监督管理。由此，国有投资公司按照国资委的部署，加快了企业改革步伐，并通过进一步加大投资结构调整力度，提升企业的市场竞争力，实现了国有投资公司的重组整合、规模的迅速扩张、竞争力的快速提升。由此，国有投资公司进入改革跨越发展时期。

这一时期，国有投资控股公司开始发展为一类行业，形成了独具中国特色的中国投资控股公司的行业集群。2004 年，国务院国资委正式把国家开发投资公司、中国节能投资公司、中国高新投资公司、中国水利投资公司单独列为从事投资的行业企业，标志着国有投资控股公司发展为一类新的行业。2004 年 10 月财政部发布的《投资公司会计核算办法》以及 2005 年新《公司法》从法律上对国有投资行业给予了进一步的法律和制度认可。因此，这一时期是国有投资公司快速发展的时期，2006 年资产规模增长速度最快达到 48.86%，实现了飞跃性发展。

与前两个阶段国有投资公司以实业为主的单一投资方向不同，这一阶段国有投资公司为了获取竞争力和市场回报，大多采取了多元化的发展战略，尤其是金融服务业成为一个新的利润增长点。与此同时，国有投资公司之间也开始出现了明显的分化。在这一阶段，国有投资公司的主要资金来源呈现更加多样化趋势，不但包括企业自身融资、商业性贷款，还包括外资和民间资本，而财政拨款所占比重越来越少。

4. 深化改革阶段（2014 年至今）

2013 年 11 月，中共十八届三中全会通过了《中共中央关于全面深化改革若干重大问题的决定》，明确要求“完善国有资产管理体制，以管资本为主加强国有资产监管，改革国有资本授权经营体制，组建若干国有资本运营公司，支持有条件的国有企业改组为国有资本投资公司”。在这一背景下，国有投资公司也迎来了全面深化改革的新阶段。一方面，国有投资公司要按照国家关于国企国资改革的战略部署和要求，积极探索自身的功能定位、组织模式、混合所有制发展、现代企业制度完善等，如 2014 年国家开发投资公司已经被国务院国资委选定为国有资本投资运营公司的试点；另一方面，国有投资公司在国企国资改革和投资体制改革中面临着巨大的机遇，不仅能够发挥国有投资公司对国有资产的归集整合功能，而且可以更加自主地发挥投资主体的作用。在这一阶段，虽然国有投资公司的发展方向仍然处于探索中，但其良好发展前景应当是可以预期的。

在资本经营方面，国有投资公司应当在原有的经验和基础上，进一步拓宽资本经营渠道。在产业经营方面，在发展原有业务的同时，继续开发新领域、新项目，寻找新的利润增长点，可通过投资高新技术产业、新兴产业领域，培养新的竞争优势，实现利润和规模的继续扩增。同时，还应该积极承接中央和地方政府调整的资产和公司，配合国家产业调整和升级政策，发展新业务，力求在产业领域或区域领域形成联动经济增长效果。

（二）我国国有投资公司的主要类型

1. 承担产业投资功能的国有投资公司

在我国国有投资公司中，数量最多的是从事增量投资活动的国有投资公司，这是有一定历史原因的。作为我国投融资体制改革和各级政府职能转变的产物，国有投资公司是政府以市场主体身份参与投资建设活动的一种重要的组织形式。1988 年 7 月，国务院印发《关于投资管理体制的近期改革方案》，决定在中央一级成立能源、交通、原材料、机电轻纺、农业、林业六个国家专业投资公司，用经济办法来开展财政拨款的国家政策性投资管理工作和进行“拨改贷”基本建设投资资金的使用管理工作。20 世纪 90 年代中期，作为深化投资体制改革，实现政企分开、投融资分离的改革举措，国家对六家国有专业投资公司实施重组和改革，成立了国家开发银行来承接六家投资公司的债权资产，成立了国家开发投资公司来承接 6 家投资公司的股权资产。与此同时，在地方层面也先后成立了一批国有投资公司，主要从事地方经济社会发展所需的增量产业投资活动。

这一时期，恰逢我国全面推行《公司法》，国有控股公司的概念日益流行。根据有关政策文件，国有控股公司是指国家授权对一部分国有资产具体行使资产受益、重大决策、选择管理者等出资者权利的一类特殊企业法人。在这一背景下，以国家开发投资公司为代表的国有投资公司，作为一种特定类型的国有控股公司①，将自身定位于国有投资控股公司。当时，我国已经建立有一批具有鲜明的产业特征的国有企业集团或国有控股公司，国有投资控股公司和这些产业类的国有企业集团或国有控股公司相比，最大的不同点在于，国有投资控股公司没有“产业情结”，不经营单

① 刘万生（1998）总结了国有控股公司的五种实践模式：一是由原有行业性总公司改组设立的。二是由政府行业主管部门的机构改革而改组设立的。三是对企业集团核心企业的国有资产授权经营而组建和发展起来的。四是通过集中国有股权管理而组建和发展起来的。五是通过投资体制改革而发展起来的。从上述实践总结来看，国有投资公司可以算得上是国有控股公司的一种或两种子类。

一产品或产业，呈现出了以经营“资本”为主的、跨行业的和综合性投资的业务结构特征。

2. 承担国资运营功能的国有投资公司

20世纪80年代末90年代初，我国理论界开始讨论“国资运营”的概念。当时，国有企业在实践中面临非常突出的国资运营主体缺位和国资运营效率低下的问题，一方面，国有企业数量众多且国有资本分布太分散，没有人对国有资本运营承担责任；另一方面，出现了国资管理体制中多头管理或政府部门直接管理国有企业数量太多及介入企业层面的经济活动太多，政企分开、政资分开不彻底的问题。

针对上述实践问题，有的地方推出了改革国资管理体制的举措，组建了专门的国资运营机构，专门代表政府对授权范围内的国有资产行使出资人权利。大多数国有资本运营机构，以国有全资企业或国有全资公司的形式出现。这其中，有的国有资本运营机构是在原来的多家国有企业或国有企业集团基础上重新组建起来的，它们不同于那些有明确的生产经营活动范围的国有企业。还有的国资运营机构在新设后，不断接收其他国有企业的存量资产。有的国有资本运营机构是纯粹的国有控股公司，不直接参与下属企业或企业集团的具体生产经营活动。①

在业务结构上，这些国资运营机构和国有投资公司有很大的相似性，都呈现出了相对多元化的、跨行业领域和综合性投资控股的业务结构。在实际运作中，二者也有朝趋同方向发展的可能性：一方面，国资运营机构会日渐具有了发展增量投资的功能；另一方面，国有投资公司作为国资授权经营主体，可以在不同程度上承担国资运营主体的相应职能，接收其他国有企业的存量国有资产——在此情况下，国有投资公司和国资运营机构

① 国有控股公司可以分为两种类型：一种是纯粹型控股公司，不直接从事生产经营活动，而是通过全部或部分拥有其他公司或企业的股份或股权，对其他公司或企业实行控制；另一种是混合型控股公司，它主要通过股份持有控制子公司，又直接进行一部分生产经营活动。参阅国家国有资产管理局：《关于组建国有控股公司中加强国有资产管理的指导意见》［国资法规发97号］，1995年8月21日。

的两重组织功能就合而为一了。例如，有的地方国有投资控股公司，承接了地方政府划转的需要处置的存量国有企业股权。另外，像国家开发投资公司这样的中央政府层面的国有投资公司，也按照国务院国资委的要求，承担了一定的国资运营主体的职能，托管了中国包装总公司，重组了中国经济技术投资担保有限公司、中国纺织物资（集团）总公司、中国成套设备进出口（集团）总公司和中国电子工程设计院，托管并重组了中国高新投资集团公司（黄群慧、余菁，2013）。

3. 服务城市经济发展的国有投资公司

地方政府设立的国有投资公司与生俱来，就带有服务区域经济发展的特点。而在20世纪八九十年代，我国少数大城市还出现了一些服务城市经济的国有投资公司，例如，上海久事、申能集团。

进入21世纪以后，政府投融资平台进入了快速发展的机遇期。由于我国的《预算法》不允许地方政府直接进行市场借贷、发行地方政府债券，因此，地方政府设立了国有投资公司作为代理其市场融资活动的企业主体。中共十六届三中全会召开后，国务院在2004年颁布了《投资体制改革的决定》，明确了即使政府投资的基础设施投资也要引入市场机制，进一步提高了各地政府设立国有投资公司的积极性。同期，我国步入了加快城镇化的重要时期，各地政府在推动城市基础设施建设方面积极作为，给国有投资公司提供了新的发展机会。2008年国际金融危机爆发后，经济刺激政策的推行，促进了国有投资公司突飞猛进的发展。由于这类新设立的国有投资公司融入的资金，主要用在城市开发与基础设施建设领域，因此，这些公司常被人们称作为“城投公司”或“平台公司”。

（三）我国国有投资公司的监管问题

1. 对功能定位认识不清晰

国有投资公司的功能定位，既是决定与政府之间关系的内在逻辑，也是决定外部监管体制的根本出发点。回顾过去20多年的发展历程，在外部

制度环境的每一次重要变革时期，国有投资公司的功能定位都成为备受争议的话题，都要经历一个从模糊逐渐到清晰的过程。当前，正值新一轮深化国资国企改革的关键时期，国有投资公司未来的发展方向和功能转变再次成为全社会和全行业关注的焦点。对于国有投资公司在改革新时期的功能定位，目前仍然没有形成统一的认识。尽管国有企业分类改革的大思路已经基本确定，但是国有投资公司应当属于特定功能类，还是属于一般商业类，内部管理层的认识还比较模糊。[①] 这种对功能定位的不清晰，严重阻碍了国资管理体制的改革与完善。

2. 政府支持与干预的矛盾

与一般的国有企业相比，国有投资公司与政府的关系更为紧密。我国成立国有投资公司最主要的原因就是作为政府的投资主体，以企业的形式为国家基础建设重大项目筹措资金，以解决政府财政资金和专项基金供给不足的问题。一直以来，政府是国有投资公司获取资源最重要的途径，与政府的关系是否融洽，直接影响到投资公司的生存和发展。但是，淡马锡等公司的经验已经证明，从长远来看，政府对国有投资公司的过多干预，并不利于公司的健康发展。尽管我国市场经济体制改革已经取得重要进展，国资国企改革也强调要减少政府干预。但是，从我们走访的国有投资公司的情况来看，政府对企业运营和管理的干预仍然存在，在一些地方这个问题还比较严重。当前，国有投资公司陷入一种“纠结”的状态，既想摆脱政府的干预，又怕因此而失去重要的资源和机会。如何平衡好二者的关系，尽快步入“政府投资，市场化运作”的轨道，是国有投资公司普遍面临的一个问题。

3. 外部监管主体过于单一

从国外企业的成功经验来看，政府并不是国有投资公司唯一的外部监

---

① 课题组对 14 家国有投资公司的 314 位中高层管理人员进行的问卷调查结果显示，关于国有投资公司在国有企业分类改革中的定位，有 69%的人认为自己所在的企业是特定功能性企业，21%的人认为自己所在的企业是一般商业性企业，8%的人认为自己所在的企业是公共政策性企业。

管主体。例如，TVA 不仅受到国会和州政府的监管，同时还受到行业监管部门的监督，包括联邦能源管理委员会、核管理委员会和环保署等。再如，政府鼓励新闻媒体关注淡马锡的日常运营，公司的重大举措经常见诸报端或在电视上亮相，这就迫使淡马锡在涉及公司重大业务的决策时非常慎重。同时，政府为社会公众提供了十分方便的信息检索平台，使公众舆论对国有企业经营起到了一定的监督作用。相比而言，我国国有投资公司主要受到政府部门的监管，外部监管主体过于单一，使其未能受到更广泛的社会监督，公众对公司运营的关注度也有待提高。

4. 集团管控未能体现差异

绝大多数国有投资公司在成立之初，采用的集团管控基本是沿袭计划经济体制。但是，随着社会主义市场经济体制目标的确立，特别是投资体制改革的不断深入，国有投资公司的集团管控模式也在不断变化。总体来看，国有投资公司集团管控模式的演化历程，是从经营控制型逐渐向战略控制型和财务控制型过渡。尽管国有投资公司的集团管控不断完善，也取得了一定的成效。但是，从当前乃至未来一段时期来看，投资企业的产业多元化趋势将更加明显，同时，还将有大批的投资企业实施混合所有制改革，从国有独资变为国有控股甚至国有参股。这种变化使国有投资公司的集团管控面临更加复杂的局面。为此，学习淡马锡的经验，按照投资企业的性质和特征进行分类，并采取相适宜的管控模式，是国有投资公司未来改革的重要方向。在这方面，深圳投资控股公司已经率先尝试，在市属国资系统中迈出了探索的第一步。①

5. 内部治理机制有待完善

我国国有企业早就开展了董事会试点工作，但是，目前来看，我国国有企业的董事会普遍没有发挥其相应的职能。为了学习淡马锡的董事会制

① 针对下属企业众多、分处不同行业、市场化经营和管理水平各不相同的现状，深圳投资控股公司于 2011 年出台了市属国资系统中独一无二的分类管理考核办法，将企业分为完全竞争类、准竞争类和公共服务类三种不同的类型进行管理和考核。

度，国资委相继以宝钢集团、神华集团等几家较具代表性的企业为试点，在成立董事会的同时，还设立了战略委员会、提名委员会、薪酬与考核委员会、审计委员会及董事会办公室，同时引入外部董事。但由来已久的“一把手负责制”并没有彻底改观，没有真正形成董事会决策、经理层执行、监事会监督的公司治理结构，董事会的职能没有得到充分发挥。其中最突出的问题是，董事会与经营管理层交叉重叠比较严重，导致董事会未能独立于管理层作出相关决策。此外，独立董事“不独立”问题也非常普遍，独立董事的专业化水平也有待提升。如何让国有企业的董事会发挥实效，是一个亟待破解的难题。

四、国有投资公司监管体制改革方向与建议

在总结淡马锡、TVA 等公司成功经验的基础上，针对当前我国国有投资公司监管方面存在的问题，应当重点从以下几个方面逐步完善国资监管体制。

（一）明确核心功能定位

为了对国有投资公司形成有效的外部监督，首先必须明确其核心功能定位。通过深入考察我国国有投资公司的实践，它们作为重要的国资运营平台，应当主要发挥四个方面的核心功能：一是投资导向功能。国有投资公司是政府授权的国有资产出资代表人，具体行使国有资产的管理权，是政府投资主体。无论是存量资本的调整，还是增量资本的投入，国有投资公司的投资行为必须体现政府的投资意图，符合国家和地区的产业政策和区域经济政策，这是国有投资公司的立足之本。二是结构调整功能。国有投资公司的结构调整功能体现在多个方面，包括国有经济结构调整、产业布局结构调整以及区域经济结构调整。其中，对产业结构的调整功能最为显著，一方面推动传统产业逐渐向产业链高端转移，另一方面带动清洁能

源等战略新兴产业发展。三是资本经营功能。国有投资公司承担着国有资本经营的职责，是国有资本经营主体，承担着确保国有资本保值增值的责任。国有投资公司从早期的不良国有资产处置平台，逐渐演变为高效的国有资本经营平台，极大地提高了国有资本的流动性和投资效率，更好地实现了国有资产的保值增值。四是改革创新功能。国有投资公司在我国国资国企改革中，率先实现制度创新，充分发挥示范作用。首先，在现代企业制度建设方面，起到了表率作用。其次，促进国资管理体制的进一步完善，从二级管理体制向三级管理体制转变，从“管人、管事、管资产”向“管资本”转变。最后，在国有企业中较早推行股权多元化和混合所有制改革，为改革的全面推进积累丰富的实践经验。

（二）坚持市场运行方式

淡马锡等国有投资公司取得成功的一个根本原因，就是始终坚持采取市场运行方式，厘清与政府的关系。就我国的情况而言，从 1988 年国有投资公司成立，到 2003 年国资委成立，再到新一轮国有企业改革，国有投资公司与政府之间的关系不断理顺，从成立之初的政企不分到政企分开，再到配合政府进行经济调控功能的发挥，国有投资公司作为政府出资人代表，为国家的经济发展、产业转型做出了突出贡献。在国有投资公司发展的过程中，政府决策权不断下放，投资公司决策权越来越大；国有投资公司与政府的关系从行政隶属转变为资本纽带，政府从直接参与运营转变为作为出资人参与重大决策。然而，与淡马锡等公司相比，政府对国有投资公司的干预仍然较多，没有真正作为“股东”按照《公司法》行使应有的权利。国有投资公司尽管从形式上早就是独立的法人身份，但实际上并未能完全具备完全的法人地位。坚持市场运行方式，就是要让政府回归“股东”身份，通过以向董事会派出产权代表的方式，合法参与国有投资公司的重大决策，最大限度地使公司享有独立的经营决策权。

（三）实施分类监管模式

中共十八届三中全会提出，要准确界定国有企业功能定位。从 2014 年国资国企改革进展情况看，各地方政府纷纷将国有企业分类改革作为深化改革的一项重要举措。从使命与功能的角度进行划分，我国国有企业主要可以分为三种类型（黄群慧、余菁，2013）：第一类是“一般商业性”国有企业，其使命是以国有资产保值增值为核心考核指标的“市场盈利”导向。第二类是“公共政策性”国有企业，是国家保证实现社会公众利益的一种手段和工具，其使命是弥补市场缺陷，以是否完成国家赋予的具体政策目标为核心考核指标的“公共政策”导向。第三类是“特定功能性”国有企业，其使命是巩固社会主义基本经济制度和发挥在国民经济中的主导作用，包括“走出去”、促进经济发展方式转变、保证国家经济安全和主导经济命脉等具体功能，而这些功能的实现要求以企业自身发展和经营活动盈利为基础。根据以上的分类思路，我们认为，国有投资公司的定位应该是有特定功能的商业化公司，即介于特定功能性与一般商业性国有企业之间的一个范畴。而在国有投资公司控股或者参股的企业中，可能同时存在两种或者三种国有企业。这就要求国有投资公司在实施集团管控时，采取差异化的分类考核与监管模式，以便提升不同投资领域的资本利用效率，更好地发挥“资本运营平台”的功能。

（四）优化内部监管体制

应主要从两个方面优化国有投资公司的内部监管体制。一方面，要加快完善董事会制度。我国国有企业应当建立权责明晰、独立性强的董事会，同时注重董事会成员的专业性。从董事会的组成来看，淡马锡董事会由政府人员、下属企业人员和民间人士组成。政府人员由政府委派，代表国家的利益。下属企业人员和民间人士都是富有经验的民间企业人士及专业人士，帮助确保董事会作为决策机构的专业性。另一方面，要改革人才选聘机制。借鉴淡马锡的经验，应按产权关系和现代企业法人治理结构理顺国有企业领导人选聘机制，探索建立组织配置与市场化配置结合的人才选用新机制，改进选拔方式，加大市场化选聘力度。要积极创造条件落实股东大会和董事会的用人权，由董事会通过市场方式选聘公司经营管理人员。目前，亟待做好的就是改革和创新国有企业经营管理人才选聘机制，逐步提高市场选聘层次，扩大外部董事的选聘范围，选择一批经验丰富、工作业绩良好并符合条件的人员担任试点企业的外部董事，并努力形成一种制度化的选聘机制。

（五）创造良好制度环境

良好的外部制度环境是改善国资监管体制的基础和条件。首先是积极构建法治环境。以美国为代表的发达国家，都针对国有企业颁布了专门的法律法规。由于法律具有强制性执行、惩罚力度大等特点，政府对国有企业的监管达到了比较理想的效果。例如，TVA 法案对 TVA 的权利、治理、运营等进行了清晰的界定，并在 TVA 成立后到现在的近 80 年的时间里，经过了若干次的修改，为 TVA 的健康发展指明了方向。其次是完善市场经济体制。市场经济体制的完善是我国国企改革顺利进行的基础。因此，要构造一个市场经济宏观运行机制、完整的市场体系，遵循市场经济规律，充分发挥市场经济实现资源优化配置的功能，而不是通过行政审批配置资源。再次是培育职业经理人市场。从当前我国国有投资公司的发展状况来看，专业化管理人才的匮乏是阻碍公司发展的主要“瓶颈”。因此，应尽快培育我国的职业经理人市场，促进公司形成市场化人才培养和选聘机制，提升管理人员的整体素质。最后是完善社会监督体系。应当大力发展政府以外的社会监督主体，如行业协会、环境保护组织等。同时，通过新闻媒体等媒介的宣传，提高公众对国有投资公司的关注度，以此促进国有投资公司加强信息披露、提升运营透明度。

参考文献

[1] Baker M., J. Wurgler. Market Timing and Capital Structure [J]. The Journal of Finance, 2002, 57 (1): 1-32.

[2] Bai C. E., Li D. D., Tao Z., et al. A Multitask Theory of State Enterprise Reform [J]. Journal of Comparative Economics, 2000, 28 (4): 716-738.

[3] Banker R. D., A. Charnes and W. W. Cooper, Some Models for Estimating Technicaland Scale Inefficiencies in Data Envelopment Analysis [J]. Management Science, 1984, 30 (9): 1078-1092.

[4] Berglund T., Knif J. Accounting for the Accuracy of Beta Estimates in CAPM Tests on Assets with Time-Varying Risks [J]. European Financial Management, 1999, 5 (1): 29-42.

[5] Black F. Beta and Return [J]. Journal of Portfolio Management, 1993, 20 (1): 8-18.

[6] Bramante R., Gabbi G. Portfolio Optimisation under Changing Risk via Time-Varying Beta [J]. Managerial Finance, 2006, 32 (4): 337-346.

[7] Brooks R. D., Faff R. W. and McKenzie M. D. Time-Varying Beta Risk of Australian Industry Portfolios: A Comparison of Modelling Techniques [J]. Australian Journal of Management, 1998, 23 (1): 1-22.

[8] Buckley P. J., Clegg, L. J., Cross A. R. and Liu X. The Determi-

nants of Chinese Outward Foreign Direct Investment [J]. Journal of International Business Studies, 2007, 38: 499-518.

[9] Burkart M., D. Gromb and F. Panunzi, Large Shareholders, Monitoring, and the Value of the Firm [J]. The Quarterly Journal of Economics, 1997, 112 (3): 693-728.

[10] Callaghan J., Fu L. and Liu J. Systematic Risk Estimation: OLS v. State - Space Methods [J]. International Research Journal of Applied Finance, 2012, 3 (7): 940-953.

[11] Campbell J. Y. Understanding Risk and Return [J]. Journal of Political Economy, 1996, 104 (2): 298-345.

[12] Capobianco A., Christiansen H. Competitive Neutrality and State-Owned Enterprises: Challenges and Policy Options [R]. OECD Publishing, 2011.

[13] Chandler W. U., Tva. The myth of TVA: Conservation and Development in the Tennessee Valley, 1933 - 1983 [M]. Ballinger Publishing Company, 1984.

[14] Chengqi Wang, et al. What Drives Outward FDI of Chinese Firms? Testing the Explanatory Power of Three Theoretical Frameworks [J]. International Business Review, 2012, 21 (3): 425-438.

[15] Charnes A., W. W. Cooper and E. Rhodes. Measuring the Efficiency of Decision Making Units [J]. European Journal of Operational Research, 1978, 2 (6): 429-444.

[16] Claessens S., Djankov S., Fan J. P. H., et al. Disentangling the Incentive and Entrenchment Effects of Large Shareholdings [J]. The Journal of Finance, 2002, 57 (6): 2741-2771.

[17] Cronqvist H., R. Fahlenbrach. Large Shareholders and Corporate Policies [J]. The Review of Financial Studies, 2009, 22 (10): 3941-3976.

[18] Dechow P. M., S. A. Richardson and R. G. Sloan. The Persistence and Pricing of the Cash Component of Earnings [J]. Journal of Accounting Research, 2008, 46 (3): 537-566.

[19] DiMaggio, Paul J. & Walter W . Powell. The Iron Cage Revisited: Institutional Isomorphism and Collective Rationality in Organizational Fields. American Sociological Review. 1983, 48: 147-160 (60).

[20] Dunning J. The Eclectic (OLI) Paradigm of International Production: Past, Present and Future [J]. International Journal of the Economics of Business, 2001, 8 (2): 173-190.

[21] Dunning J. The Eclectic Paradigm of International Production: A Restatement and Some Possible Extensions [J]. Journal of International Business Studies, 1988, 19 (1): 1-31.

[22] Espen Eckbo B., S. Verma. Managerial Shareownership, Voting Power and Cash Dividend Policy [J]. Journal of Corporate Finance, 1994, 1 (1): 33-62.

[23] Evans M. D. D. Expected Returns, Time-Varying Risk and Risk Premia [J], Journal of Finance, 1994, 49 (2): 655-679.

[24] Fabozzi F. J., Francis J. C. Beta as a Random Coefficient [J]. The Journal of Financial and Quantitative Analysis, 1978, 13 (1): 101-116.

[25] Faccio M., Lang L. H. P. and L. Young. Dividends and Expropriation [J]. The American Economic Review, 2001, 91 (1): 54-78.

[26] Faccio M., Lang L. H. P. The Ultimate Ownership of Western European Corporations [J]. Journal of financial economics, 2002, 65 (3): 365-395.

[27] Faff R. W., Hillier D., Hillier J. Time Varying Beta Risk: An Analysis of Alternative Modelling Techniques [J]. Journal of Business Finance & Accounting, 2000, 27 (5-6): 523-554.

[28] Fama E. F. , French K. R. The Cross-Section of Expected Stock Returns [J]. Journal of Finance, 1992, 47 (2): 427-465.

[29] Gordon R. , Stenvoll T. Statoil: A Study in Political Entrepreneurship [J]. The Changing Role of National Oil Companies in International Energy Markets, 2007.

[30] Farrell M. J. , The Measurement of Productive Efficiency [J]. Journal of the Royal Statistical Society. Series A (General), 1957, 120 (3): 253-290.

[31] Fung K. C. , Herrero A. G. and Siu A. A. Comparative Empirical Examination of Outward Foreign Direct Investment from Four Asian Economies: People's Republic of China, Japan; Republic of Korea and Taipei China [J]. Asian Development Review, 2009, 26 (2): 86-101.

[32] Graham J. R. , C. R. Harvey. The Theory and Practice of Corporate Finance: Evidence from the Field [J]. Journal of Financial Economics, 2001, 60 (2-3): 187-243.

[33] Gray A. J. A. J. , Johnson D. A. The TVA Regional Planning and Development Program [M]. Ashgate, 2005.

[34] Groenewold N. , Fraser P. Time-Varying Estimates of CAPM Betas [J]. Mathematics and Computers in Simulation, 1999, 48 (4-6): 531-539.

[35] Hargrove E. C. Prisoners of Myth: The Leadership of the Tennessee Valley Authority, 1933-1990 [M]. Princeton Univ Pr, 1994.

[36] Hayek, Frederick A. , The Constitution of Liberty [M]. Chicago: University of Chicago Press, 1960.

[37] Hilmer F. G. National Competition Policy (the Hilmer Report) [R]. http: //ncp. ncc. gov. au/docs/National Competition Policy Review report, The Hilmer Report, August 1993. pdf.

[38] Hormats R. D. Addressing the Challenges of the China Model [N].

2011-5-3, http: //www. state. gov/e/rls/rmk/2011/157205. htm.

[39] Hormats R. D. The United States and China: The Next Five Years, 2011-5-18, http: //www. state. gov/e/rls/rmk/2011/163815. htm.

[40] Hovakimian G. Determinants of Investment Cash Flow Sensitivity [J]. Financial Management, 2009, 38 (1): 161-183.

[41] Huang H., Xu C. Soft Budget Constraint and the Optimal Choices of Research and Development Projects Financing [J]. Journal of Comparative Economics, 1998, 26 (1): 62-79.

[42] Hurst L. Comparative Analysis of the Determinantsof China's State-owned Outward Direct Investment in OECD and Non-OECD Countries. China & World Economy, 2011, 19 (4): 74-91.

[43] Jarrow R., Protter P. Positive Alphas, Abnormal Performance and Illusory Arbitrage [J]. Mathematical Finance, 2013, 23 (1): 39-56.

[44] Jensen M. C. The Performance of Mutual Funds in the Period 1945-1964 [J]. Journal of Finance, 1968, (23): 389-416.

[45] Johnson S., La Porta R., Lopez - de - Silanes F., Shleifer A. Tunneling [J]. American Economic Review, 2000, 90: 22-27.

[46] Koutmos G., Lee U. and Theodossiou P. Time-Varying Betas and Volatility Persistence in International Stock Markets [J]. Journal of Economics and Business, 1994, 46 (2): 101-112.

[47] Kostova T., Zaheer S. Organizational Legitimacy under Conditions of Complexity: The Case of the Multinational Enterprise. Academy of Management Review, 1999, 24 (1): 64-81.

[48] Lakonishok J., Shapiro A. C. Systematic Risk, Total Risk and Size as Determinants of Stock Market Returns [J]. Journal of Banking & Finance, 1986, 10 (1): 115-132.

[49] Lang L. H. P., R. H. Litzenberger. Dividend announcements: Cash

Flow Signalling vs. Free Cash Flow Hypothesis? [J]. Journal of Financial Economics, 1989, 24 (1): 181-191.

[50] La Porta R., Lopez - de - Silanes F., Shleifer A. and Vishny R. W. Corporate Ownership Around the World [J]. The Journal of Finance, 1999, 54 (2): 471-517.

[51] La Porta R., Lopez - de - Silanes F., Shleifer A. and Vishny R. W. Investor Protection and Corporate Valuation [J]. Journal of Finance, 2002: 1147-1170.

[52] Lemmon M. L., Lins K. V. Ownership Structure, Corporate Governance, and Firm Value: Evidence from the East Asian financial Crisis [J]. The Journal of Finance, 2003, 58 (4): 1445-1468.

[53] Lintner J., The Valuation of Risky Assets and the Selection of Risky Investments in Stock Portfolios and Capital Budgets [J]. Review of Economics and Statistics, 1965 (47): 13-37.

[54] McKenzie M. D., Brooks R. D. and Faff, R. W. The Use of Domestic and World Market Indexes in the Estimation of Time-Varying Betas [J]. Journal of Multinational Financial Management, 2000, 10 (1): 91-106.

[55] Miller M. H., K. Rock. Dividend Policy under Asymmetric Information [J]. The Journal of Finance, 1985, 40 (4): 1031-1051.

[56] OECD. Guidelines on Corporate Governance of State-owned Enterprises. 2005, http: //www. oecd. org/daf/ca/corporate governance of state-owned enterprises/34803211. pdf.

[57] OECD. Competitive Neutrality Maintaining aLevel Playing Field Between Public and Private Business. 2012, http: //www. oecd. org/corporate/ca/corporate governance of state-owned enterprises/50302961. pdf.

[58] OECD. StateOwned Enterprises and the Principle of Competitive. 2010,

http：//www. oecd. org/daf/ca/corporate governance of state - ownedenterprises/50251005. pdf.

[59] Peng M. W. , Wang D. Y. L. and Jiang, Y. An Institution - based View of International Business Strategy：A Focus on Emerging Economies [J]. Journal of International Business Studies, 2008, 39 (5)：920-936.

[60] Peterson P. P. Event Studies：A Review of Issues and Methodology [J]. Quarterly Journal of Business and Economics, 1989, 28 (3)：36-66.

[61] Qian Y. , Xu C. Innovation and Bureaucracy under Soft and Hard Budget Constraints [J]. The Review of Economic Studies, 1998, 65 (1)：151-164.

[62] Ramasamy B. , Yeung, M. , Laforet S. China's Outward Foreign Direct Investment：Location Choice and Firm Ownership [J]. Journal of World Business, 2012, 47 (1)：17-25.

[63] Sapienza P. The Effects of Government Ownership on Bank Lending [J]. Journal of Financial Economics, 2004, 72 (2)：357-384.

[64] Scheel H. , and S. Scholtes. Continuity of DEA Efficiency Measures [J]. Operations Research, 2003, 51 (1)：149-159.

[65] Schwert G. W. , Seguin P. J. Heteroskedasticity in Stock Returns [J]. Journal of Finance, 1990, 45 (4)：1129-1155.

[66] Sharpe W. F. Capital Asset Prices：A Theory of Market Equilibrium under Conditions of Risk [J]. Journal of Finance, 1964, (19)：425-442.

[67] Shleifer A. , R. W. Vishny, Large Shareholders and Corporate Control [J]. Journal of Political Economy, 1986, 94 (3)：461-488.

[68] Shleifer A, Vishny R. W. A survey of corporate governance [J]. The journal of finance, 1997, 52 (2)：737-783.

[69] Su, Y. , Hwang, J. S. A. Two-Phase Approach to Estimating Time-varying Parameters in the Capital Asset Pricing Model [J]. Journal of Applied

Statistics, 2009, 36 (1): 79-89.

[70] Zhou, J. Conditional Market Beta for REITs: A Comparison of Modeling Techniques [J]. Economic Modelling, 2013, (30): 196-204.

[71] 白重恩，刘俏，陆洲，宋敏，张俊喜. 中国上市公司治理结构的实证研究，经济研究 [J]. 2005 (2): 81-91.

[72] 常玉春：我国对外直接投资的逆向技术外溢——以国有大型企业为例的实证 [J]. 经济管理，2011 (1).

[73] 陈俊龙. 中国国有企业海外投资软预算约束问题研究 [D]. 吉林大学，2013.

[74] 陈清泰. 国有企业改革与公司治理 [J]. 南开管理评论，2009 (5).

[75] 陈向民，陈斌. 确定虚假陈述行为的赔偿标准——事件研究法的司法运用 [J]. 证券市场导报，2002 (7).

[76] 陈晓，李静. 地方政府财政行为在提升上市公司业绩中的作用探析 [J]. 会计研究，2001 (12): 20-28.

[77] 程宇，肖文涛. 地方政府竞争背景下的战略性新兴产业选择 [J]. 福建论坛（人文社会科学版），2012 (2): 30-35.

[78] 程仲鸣，夏新平，余明桂. 政府干预、金字塔结构与地方国有上市公司投资 [J]. 管理世界，2008 (9): 37-47.

[79] 窦炜，刘星，安灵，股权集中、控制权配置与公司非效率投资行为——兼论大股东的监督抑或合谋 [J]. 管理科学学报，2011 (11): 81-96.

[80] 杜莹，刘立国. 股权结构与公司治理效率：中国上市公司的实证分析 [J]. 会计研究，2002 (11): 124-133.

[81] 杜莹芬，张文珂. 虚假陈述赔偿中系统性风险损失的确认与度量——基于廊坊发展股份有限公司的案例研究 [J]. 中国工业经济，2013 (9).

[82] [美] 菲利浦·塞尔兹尼克. 田纳西河流域管理局与草根组织——一个正式组织的社会学研究 [M]. 李学译. 重庆: 重庆大学出版社, 2014.

[83] 高明华, 朱松, 杜雯翠, 财务治理、投资效率与企业经营绩效 [J]. 财经研究, 2012 (4): 123-133.

[84] 国家开发投资公司研究中心. 国投之道 [M]. 北京: 中国民主法制出版社, 2012.

[85] 贺丹. 企业海外并购的国家安全审查风险及其法律对策 [J]. 法学论坛, 2012 (2).

[86] 金碚. 国有企业根本改革论 [M]. 北京: 北京出版社, 2002.

[87] 金碚, 刘戒骄. 美国的国有企业治理及其对中国的启示 [J]. 经济管理, 2004 (16).

[88] 金太军, 袁建军. 政府与企业的交换模式及其演变规律 [J]. 中国社会科学, 2011 (1): 102-118.

[89] 何晓星. 再论中国地方政府主导型市场经济 [J]. 中国工业经济, 2005 (1): 31-37.

[90] 黄群慧等, 新时期全面深化国有经济改革重大任务 [J]. 中国工业经济, 2014 (10).

[91] 黄群慧, 余菁. 新时期的新思路: 国有企业分类改革与治理 [J]. 中国工业经济, 2013 (11).

[92] 黄群慧, 余菁等. 国家开发投资公司考察 [M]. 北京: 经济管理出版社, 2013.

[93] 黄速建. 国有企业改革和发展: 制度安排与现实选择 [M]. 北京: 经济管理出版社, 2014.

[94] 黄速建, 余菁, 中国国有企业治理转型 [J]. 经济管理, 2008 (21).

[95] 李辰, 张翼. 股权结构、现金流与资本投资 [J]. 经济学 (季

刊)，2005，5（1）：229-246.

［96］李建民. 俄限制外资进入战略性产业法出台的背景、内容及影响［J］. 俄罗斯中亚东欧市场，2008（10）.

［97］李景华，朱尚伟. 关于 R^2 的几点质疑［J］. 数量经济技术经济研究，2013（9）.

［98］李锋. 美澳国家安全审查制度的比较及我国的对策［J］. 国际贸易，2012（11）.

［99］李晓华，吕铁. 战略性新兴产业的特征与政策导向研究［J］. 宏观经济研究，2010（9）：20-26.

［100］李增泉，孙铮，王志伟. “掏空”与所有权安排——来自我国上市公司大股东资金占用的经验证据［J］. 会计研究，2004（12）：3-13.

［101］连玉君，苏治. 融资约束、不确定性与上市公司投资效率［J］. 管理评论，2009（1）：19-26.

［102］林平，李嫣怡. 外资并购的国家安全审查：概念、国际经验和政策建议［J］. 产业经济评论，2009（3）.

［103］林毅夫. 国有投资公司与国有资本的市场化［J］. 经济研究参考，2001（1）.

［104］林毅夫. 充分信息与国有企业改革［M］. 上海：格致出版社，2014.

［105］林毅夫，刘明兴，章奇. 政策性负担与企业的预算软约束：来自中国的实证研究［J］. 管理世界，2004（8）：81-89.

［106］刘红. 防止境外国有资产流失的法律对策［J］. 学术探索，2004（10）.

［107］刘红玉，彭福扬，吴传胜. 战略性新兴产业的形成机理与成长路径［J］. 科技进步与对策，2012，29（11）：46-49.

［108］刘建丽. 中国制造业企业海外市场进入模式选择［M］. 北京：经济管理出版社，2009.

［109］刘建丽. 战略因素影响下的企业海外市场进入模式选择［J］. 经济管理，2009（1）.

［110］刘星，安灵. 大股东控制、政府控制层级与公司价值创造［J］. 会计研究，2010（1）：69-78.

［111］刘小玄. 30 年企业变革回顾［M］. 上海：格致出版社，2008.

［112］刘芍佳、李骥. 超产权论与企业绩效［J］. 经济研究，1998（8）.

［113］刘万生. 国有控股公司研究［M］. 北京：经济科学出版社，1998.

［114］逯东，李玉银，杨丹. 政府控制权、股权制衡与公司价值——基于国有上市公司的经验证据［J］. 财政研究，2012（1）：70-74.

［115］陆立军，于斌斌. 传统产业与战略性新兴产业的融合演化及政府行为：理论与实证［J］. 中国软科学，2012（5）：28-39.

［116］卢惟. 控制权、现金流权与资本投资效率的关系研究［J］. 商业时代，2010（29）：63-64.

［117］莫少昆，余继业. 解读淡马锡［M］. 厦门：鹭江出版社，2008.

［118］潘德勇. 欧盟外资并购国家安全审查制度对中国的启示［J］. 湖北经济学院学报，2013（3）.

［119］覃家琦，何青，李嫦娟. 跨境双重上市与公司投资效率分析［J］. 证券市场导报，2009（10）：52-60.

［120］覃家琦，齐寅峰，李莉. 微观企业投资效率的度量：基于全要素生产率的理论分析［J］. 经济评论，2009（2）：133-141.

［121］［日］青木昌彦. 比较制度分析［M］. 上海：上海远东出版社，2001.

［122］冉茂盛，钟海燕，文守逊，邓流生. 大股东控制影响上市公司投资效率的路径研究［J］. 中国管理科学，2010（4）：165-172.

［123］荣兆梓. 国有资产管理体制进一步改革的总体思路［J］. 中国工业经济，2012（1）.

［124］桑百川，郑伟，刘洋. 推进中国企业“走出去”健康发展［J］. 中国经贸，2012（4）.

［125］申慧慧，于鹏，吴联生. 国有股权、环境不确定性与投资效率［J］. 经济研究，2012（7）：113-126.

［126］沈四宝，郑杭斌. 构建我国国有企业境外直接投资法律监管的若干思考［J］. 西部法学评论，2009（2）.

［127］施宏. 构建我国海外资产安全防控与监管体系的思考［J］. 国际贸易问题，2011（12）.

［128］石磊. 垄断行业国有独资公司制度创新研究［M］. 成都：西南财经大学出版社，2006.

［129］唐海淀. 国有控股公司理论与实践［M］. 北京：企业管理出版社，1999.

［130］田昇. 中国企业“走出去”：冲动后的反思［N］. 经济观察报，2013-09-14.

［131］万丛颖. 基于代理冲突视角的股权治理效应研究［M］. 大连：东北财经大学出版社，2010.

［132］万军. 战略性新兴产业发展中的政府定位——日本的经验教训及启示［J］. 科技成果纵横，2010（1）：13-16.

［133］万立全. 实际控制人特征与上市公司价值关系研究——基于股权分置改革后的实证分析［J］. 南方经济，2010（4）：3-14.

［134］王丹. 证券虚假陈述损害赔偿计算方法论［J］. 法学，2003（6）.

［135］王坚强，阳建军. 基于DEA模型的企业投资效率评价［J］. 科研管理，2010（4）：73-80.

［136］王立国，张日旭. 财政分权背景下的产能过剩问题研究——基

于钢铁行业的实证分析［J］. 财经问题研究，2010（12）：30-35.

［137］王梅. 没有中立的国际竞争［N］. 第一财经日报，2014-03-04.

［138］王鹏，周黎安. 控股股东的控制权，所有权与公司绩效：基于中国上市公司的证据［J］. 金融研究，2006（2）：88-98.

［139］王钦，刘建丽. 中国企业海外并购：金融危机背景下的机会与风险［J］. 领导之友，2009（2）.

［140］王婷. 竞争中立：国际贸易与投资规则的新焦点［J］. 国际经济合作，2012（9）.

［141］王文剑，仉建涛，覃成林. 财政分权、地方政府竞争与FDI的增长效应［J］. 管理世界，2007（3）：13-22.

［142］王小琼. 西方国家外资并购国家安全审查制度的最新发展及其启示［M］. 武汉：湖北人民出版社，2010.

［143］卫祥云. 国企改革新思路［M］. 北京：电子工业出版社，2013.

［144］吴敬琏，直面大转型时代——吴敬琏谈全面深化改革［M］. 北京：生活书店出版有限公司，2014.

［145］吴联生. 国有股权，税收优惠与公司税负［J］. 经济研究，2009（10）：109-120.

［146］夏立军，方铁强. 政府控制、治理环境与公司价值［J］. 经济研究，2005（5）：40-51.

［147］肖兴志，王健林. 谁更适合发展战略性新兴产业——对国有公司与非国有公司研发行为的比较［J］. 财经问题研究，2011（10）：25-31.

［148］徐玉德，周玮. 不同资本结构与所有权安排下的投资效率测度——来自我国A股市场的经验证据［J］. 中国工业经济，2009（11）：131-140.

［149］姚梅镇. 国际投资法［M］. 武汉：武汉大学出版社，2011.

[150] 叶勇，刘波，黄雷. 终极控制权、现金流量权与企业价值 [J]. 管理科学学报，2007，10（2）：66-77.

[151] 余菁. 国有企业的性质、目标与社会责任 [J]. 中国工业经济，2002（6）.

[152] 余菁等. 国有企业公司治理问题研究：目标、治理与绩效 [M]. 北京：经济管理出版社，2009.

[153] 易可君，陈信良. 证券市场系统风险评估与测定的 P2P 法探析——兼谈其在虚假陈述民事赔偿案中的应用 [J]. 湖南财政经济学院学报，2012（1）.

[154] 俞红海，徐龙炳，陈百助. 终极控股股东控制权与自由现金流过度投资 [J]. 经济研究，2010（8）：103-114.

[155] 最高人民法院关于审理证券市场因虚假陈述引发的民事赔偿案件的若干规定 [J]. 司法业务文选，2003（8）.

[156] 杨忠智. 跨国并购战略与对海外子公司内部控制 [J]. 管理世界，2011（1）.

[157] 银温泉，才婉如. 中国地区间市场分割成因和治理 [J]. 经济研究，2001（6）：3-11.

[158] 余泳泽，周茂华. 制度环境、政府支持与高技术产业研发效率差异分析 [J]. 财经论丛，2010（5）：1-5.

[159] 曾庆生，陈信元. 国家控股、超额雇员与劳动力成本 [J]. 经济研究，2006，5（6）：74-86.

[160] 张江峰，刘海峰. 产业升级中地方政府的组织惰性研究 [J]. 宏观经济研究，2010（5）：72-74.

[161] 张文魁. 解放国企 [M]. 北京：中信出版社，2014.

[162] 张文魁. 中国混合所有制企业的兴起及其公司治理研究 [M]. 北京：经济科学出版社，2010.

[163] 张跃龙，谭跃，夏芳. 投资效率是被“债务融资”束缚了手脚

吗？[J]. 经济与管理研究，2011，(2)：46-55.

[164] 赵晶，关鑫，高闯. 社会资本控制链替代了股权控制链吗？——上市公司终极股东双重隐形控制链的构建与动用 [J]. 管理世界，2010 (3)：127-139.

[165] 郑宗汉：加强国有资产监管 [J]. 当代经济研究，2010 (7).

[166] 中国投资协会国有投资公司委员会. 通途路不平 [M]. 北京：企业管理出版社，2003.

[167] 周煊. 中国国有企业境外资产监管问题研究——基于内部控制整体框架的视角 [J]. 中国工业经济，2012 (1).

[168] 朱迎春. 政府在发展战略性新兴产业中的作用 [J]. 中国科技论坛，2011 (1)：20-24.

后　记

本书是在本人主持的社科基金青年项目“国有企业跨国投资与政府监管问题研究”结项报告基础上修改而成的。2012 年该课题立项以来，课题组成员多次就提纲和主要研究内容进行讨论。初稿形成后，课题组结合各方意见进行了反复修改。我们深知，本研究主题的实践性很强，研究内容如果脱离当前国企改革的实际，就失去了研究意义。因此，我们就相关内容对国资管理部门和有关国有企业管理人员进行了访谈，深化了我们对研究主题的认识，并形成了一些初步判断。

课题在研期间，国有企业改革不断深化。2013 年，中共十八届三中全会作出《中共中央关于全面深化改革若干重大问题的决定》，该决定提出要积极发展混合所有制经济，推动国有企业完善现代企业制度。新时期的混合所有制改革是本研究的基本前提，改革推进过程中的政府监管必须与国资国企改革的进程以及完善公司治理的要求相适应，外部监管、政府监管是国有资本宏观治理框架下的监管组成部分，是建立在现代公司制度基础上的所有者监管，而不是“管制者”监管。因此，本课题的研究始终围绕“改革”主线，尽可能揭示当前改革过渡期的监管特征，研究与改革目标相适应的监管制度创新。

本书各章执笔人分别为：第一章、第三章、第九章，刘建丽；第二章，郭媛媛、刘建丽；第四章，佘菁、王欣；第五章，张文珂；第六章，刘建丽、张文珂；第七章，万丛颖；第八章，贺俊；第十章，王欣、刘建丽、黄阳华。其中，郭媛媛为沈阳师范大学管理学院教授，张文珂工作单位为浙江财经大学会计学院，万丛颖为东北财经大学经济与社会发展研究院研究人员，其他执笔人都是中国社科院工业经济研究所研究人员。值此研究成果付梓之际，向各位课题组同仁致以诚挚的谢意。本课题立项后得到了中国社会科学院工业经济研究所黄速建研究员和杜莹芬研究员等诸位老师的建议和指导，在此向他（她）们表示衷心的感谢。也感谢工经所科研处王楠同志对课题组织过程的付出。经济管理出版社张永美编辑为本书的顺利出版提出了中肯的建议，付出了辛勤的劳动，在此深表谢忱。

最后，由于本人学识所限，文中纰漏和不当之处在所难免，恳请读者批评指正。

刘建丽

2018 年 2 月